Lili.Q 的 科 学 异 想 派

剪出一个小世界

Lili.Q ———— 著

SPM 南方出版传媒

全国优秀出版社　全国百佳图书出版单位　广东教育出版社

·广 州·

图书在版编目（CIP）数据

剪出一个小世界 / Lili.Q 著 . —广州：广东教育出版社，2019.4
（Lili.Q 的科学异想派）
ISBN 978-7-5548-2580-8

Ⅰ . ①剪… Ⅱ . ① L… Ⅲ . ①科学知识—普及读物 Ⅳ . ① Z228

中国版本图书馆 CIP 数据核字（2018）第 234791 号

声明：书中真实图片除作者本人拍摄外，均购买自 www.shutterstock.com 网站

JIAN CHU YIGE XIAO SHIJIE

剪出一个小世界

策划编辑：华 丽
责任编辑：华 丽 卞晓琰 邹明球
责任技编：杨启承
装帧设计：戴秀珍 张绮华
封面设计：张绮华

出版发行：广东教育出版社有限公司
地 址：广州市环市东路 472 号 12-15 楼（邮政编码：510075）
网 址：http://www.gjs.cn
经 销：广东新华发行集团股份有限公司
印 刷：佛山市华禹彩印有限公司（广东省佛山市南海区狮山镇罗村联和工业西二区三路 1 号之一）
开 本：787mm×1092mm 1/16
印 张：12.5
版 次：2019 年 4 月第 1 版 2019 年 4 月第 1 次印刷
定 价：88.00 元
ISBN 978-7-5548-2580-8

质量监督电话：020-87613102 邮箱：gjs-quality@nfcb.com.cn 购书咨询电话：020-87615809

水中精灵

水中精灵

人间草木

身体的秘密

Lili.Q的日常

水 中 精 灵

微光之湖 / Lili.Q

绿眼虫/裸藻

Euglena viridis

这种单细胞生物可以说是又冲突又和谐。它们没有细胞壁，体表可以吸收养分，靠鞭毛运动，动物学家认为它们隶属于原生动物植鞭亚纲，因鞭毛基部有一个红色的眼点，就把它们命名为“眼虫”；同时它们有多个叶绿体，可以进行光合作用制造有机物质，植物学家认为它们属于原生植物绿藻门。没有细胞壁，那就称它们为“裸藻”！有人机智地叫它们“眼虫藻”，谁也不得罪！

三只绿虫去游泳 / Lili.Q

衣藻

Chlamydomonas

衣藻有两根长长的鞭毛，还有一个杯状的大叶绿体，细胞近前端也有一个红色的眼点，尽管它们有细胞壁，动物学家还是认为它们是“眼虫”的一种。说到这里，我就想远离这些是是非非，把分类的难题交给科学家。

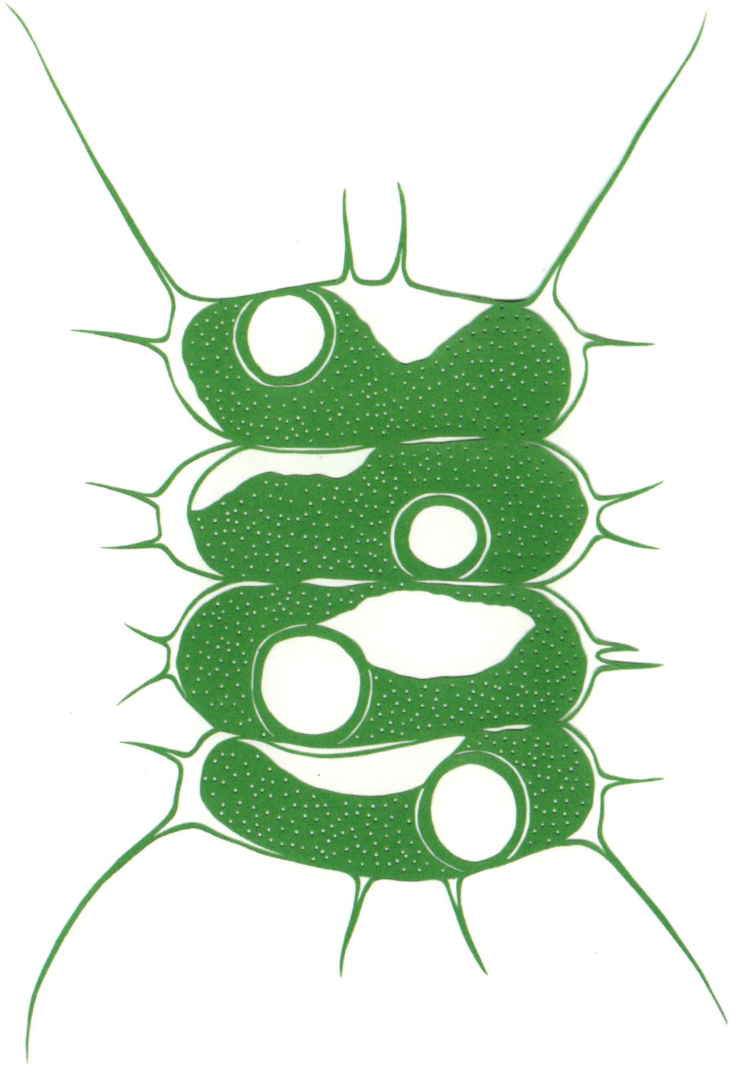

结伴而行的小霸王 / Lili.Q

近具刺链带藻

Desmodesmus subspicatus

大自然中有好多不被人注意、长相激萌的小怪物，比如近具刺链带藻。它们是绿藻门下的一员。它们喜欢结伴而行，通常是几个单细胞排列在一起，从侧面看像是一串绿色的糖葫芦。虽然它们身上张牙舞爪地长着小刺，但依然很可爱。

沧海一粟 / Lili.Q

密集锥囊藻

Dinobryon sertularia

呈金褐色的密集锥囊藻属于金藻门，也有人叫它们钟罩藻。多个单细胞形成树枝一样的群体，每个细胞都像一个金钟罩。从形态上看，它们的中文命名真是很贴切。这种藻类有的喜欢生活在营养匮乏的水中，当有机物质增多它们就会消失。如果钟罩藻是官员，那它们一定是两袖清风的好官。

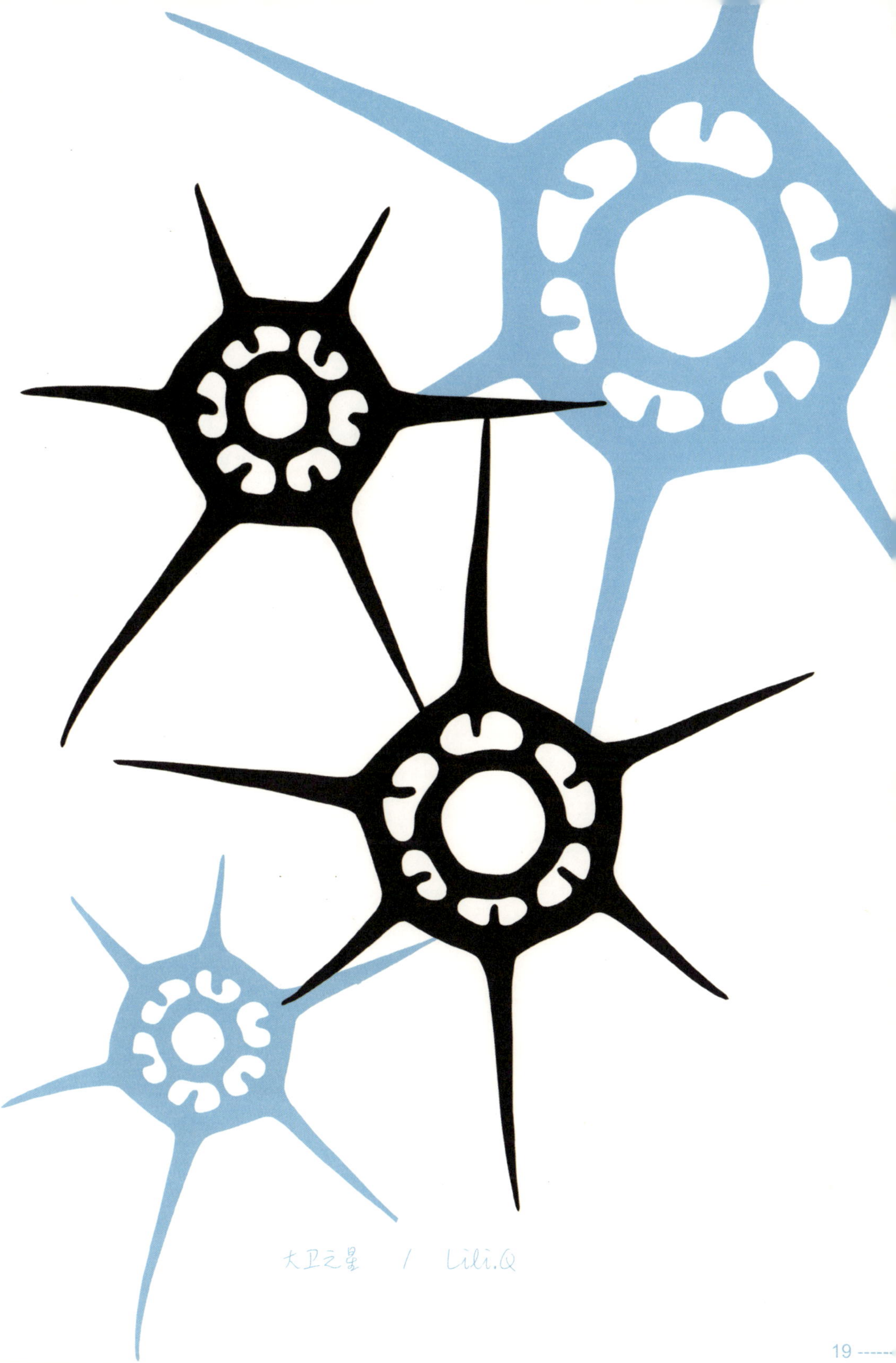

大卫之星 / Lili.Q

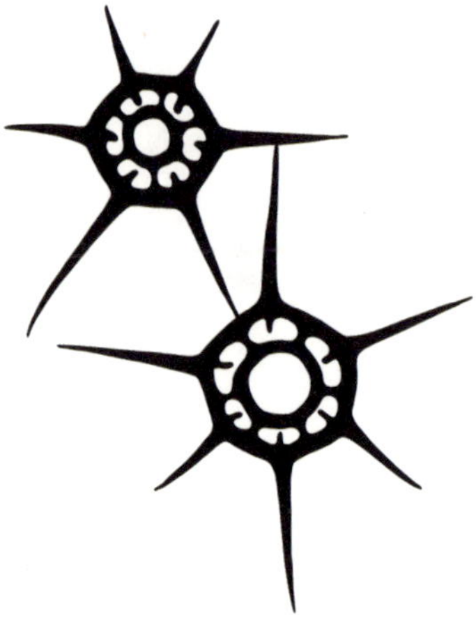

六异刺硅鞭藻

Distephanus speculum

六异刺硅鞭藻属于单细胞水生植物硅藻，硅藻因为其细胞壁由二氧化硅和果胶质组成而得名，它们形态多样，不同种类之间大小也差别很大。这种浮游藻是食物链中的生产者，滋养着水生生命，是伟大的贡献者。显微镜下六异刺硅鞭藻伸展的六根刺像某种神秘的符文，也许它们能够为我们带来幸运吧。

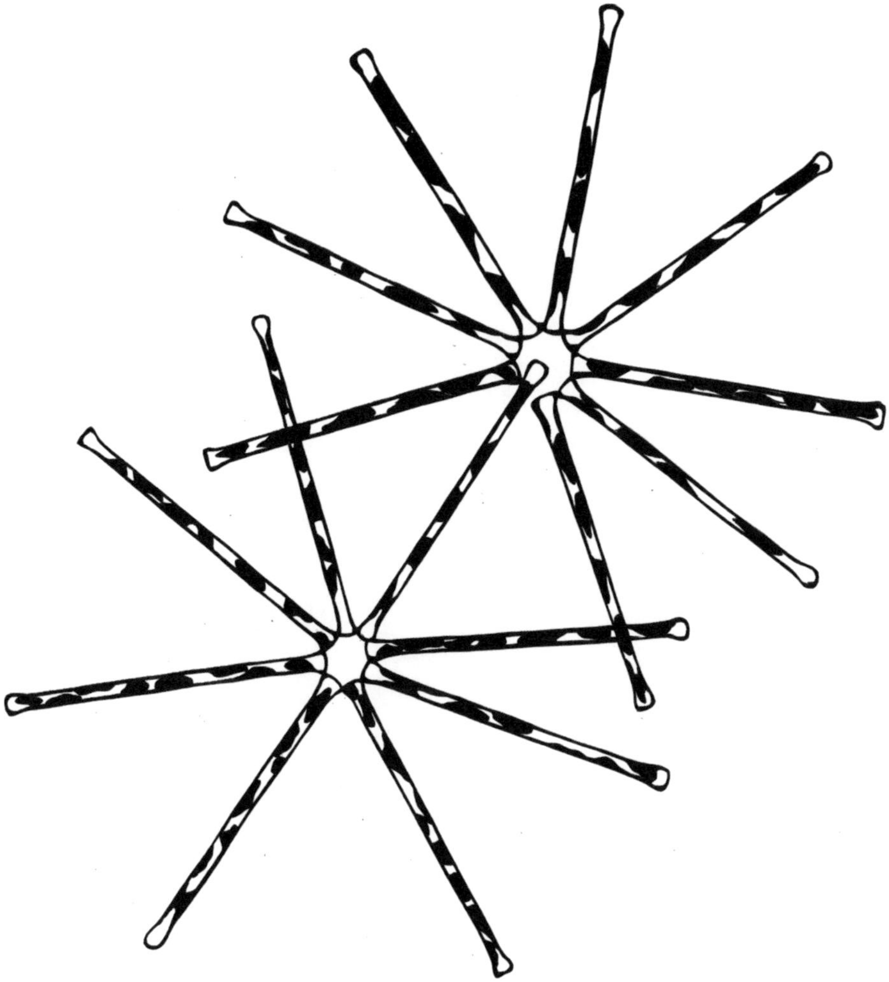

大圣归来 / Lili.Q

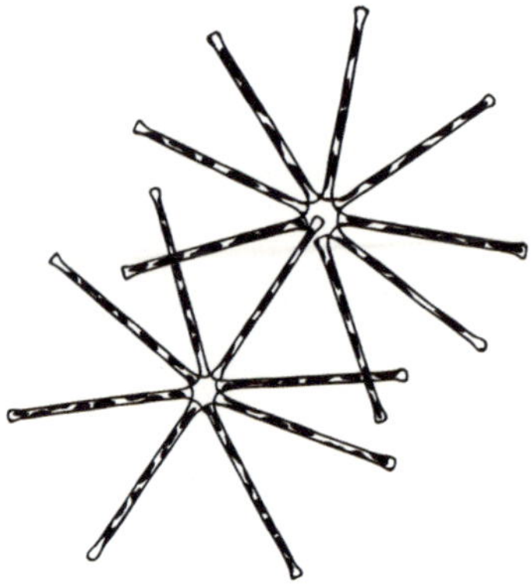

星杆藻

Asterionella formosa

一闪一闪亮晶晶，好像两颗小星星。星杆藻也是硅藻的一种，这样看起来它们很清秀。但如果星杆藻集群出现在你的显微镜下，你可能会以为这是一堆随意堆放的烧火棍！

葵花地圆舞曲 / Lili.Q

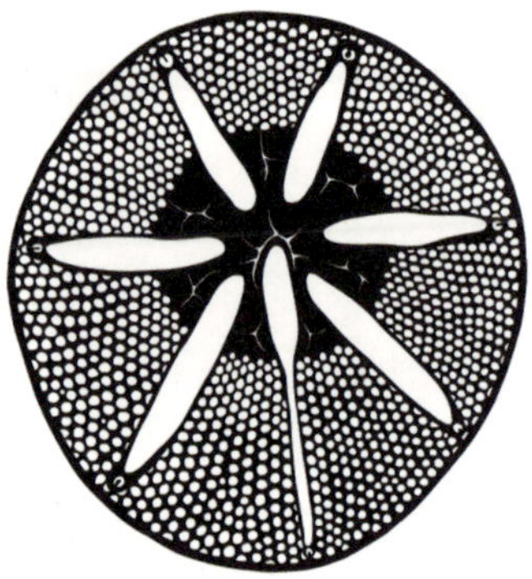

克氏星脐藻

Asteromphalus cleveanus Grunow

同属于硅藻门大家庭的克氏星脐藻像不像富丽堂皇的龟背壳？喜欢吃硅藻的小动物们，吃一个克氏星脐藻可比吃一个星杆藻过瘾吧！

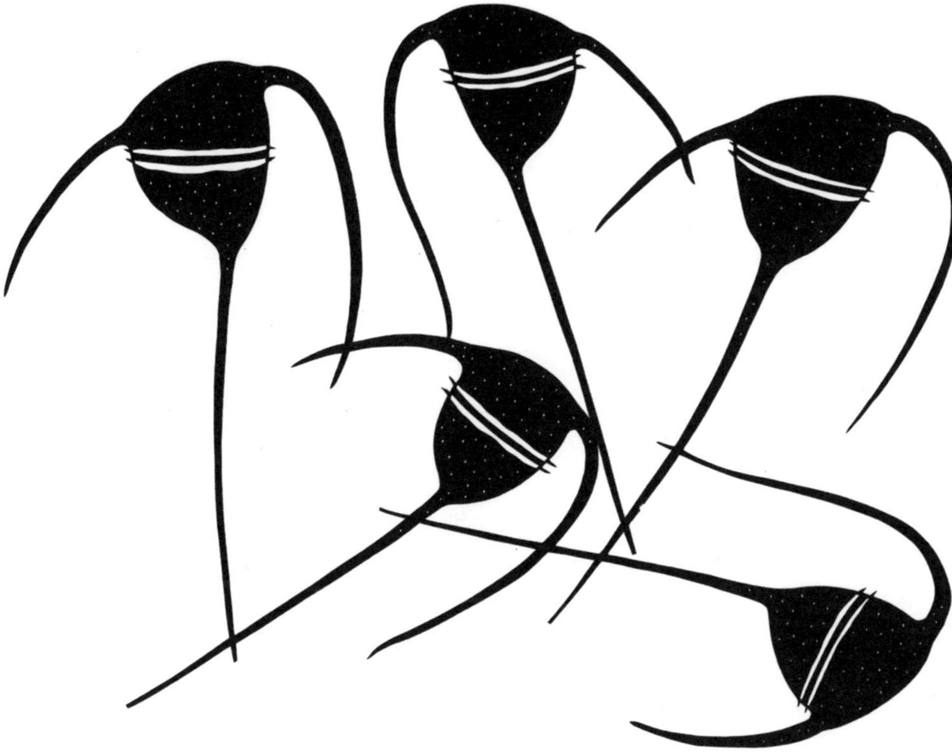

采菱归来　/　Lili.Q

三角新角藻

Neoceratium tripos

与硅藻并称为“海洋牧草”的甲藻也是海洋原始生产力中重要的一员。不同于硅藻细胞壁的二氧化硅成分，甲藻的壳板主要由纤维素组成。甲藻成员的外表也是形形色色差别巨大，完全可以像硅藻一样满足不同人的审美需求。其中，三角新角藻像法师的魔杖，又像水中舞动的小精灵，刚柔并济。

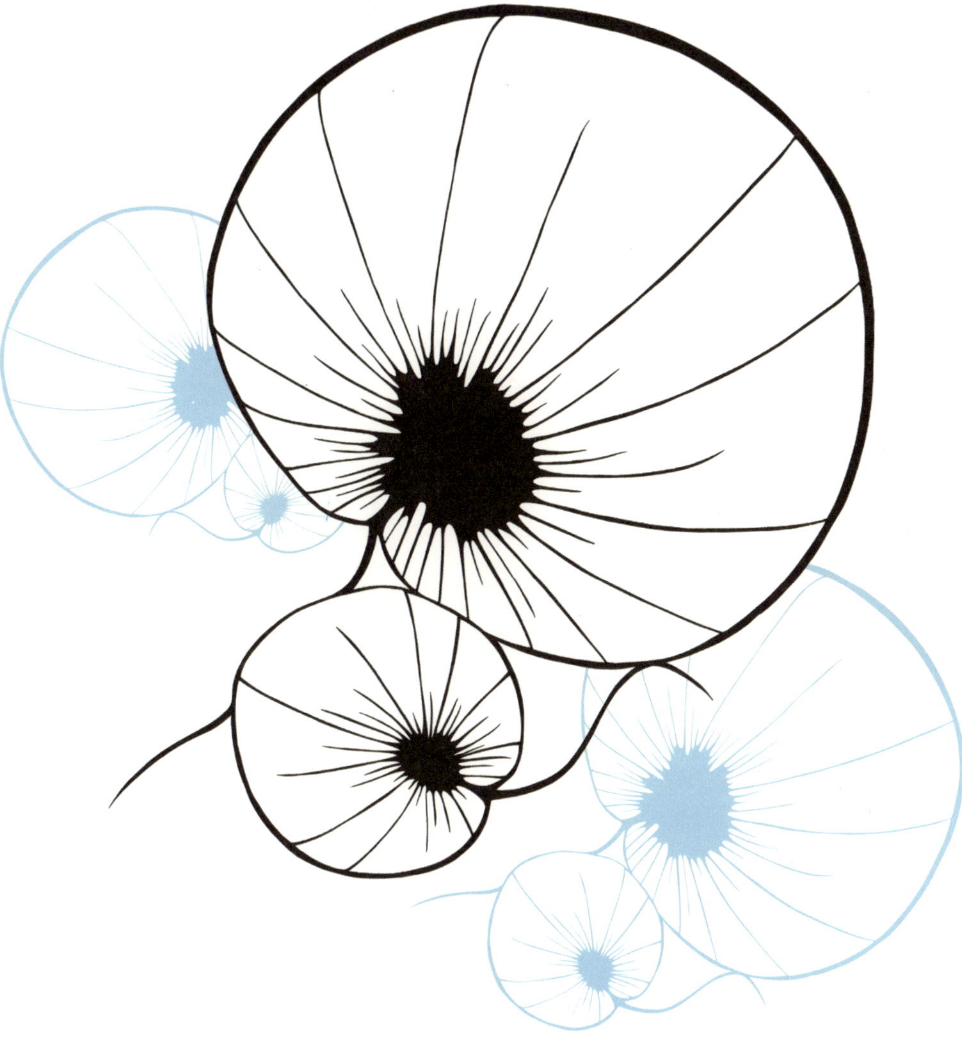

轻风蒲扇扑流萤 / Lili.Q

夜光藻

Noctiluca scintillans

能在夜晚发出幽幽荧光的小生物总是让人充满遐想。夜光藻这种甲藻门单细胞生物就是其中一种。

夜晚，夜光藻聚集在一起，会发出蓝色的荧光，马来西亚人把它们叫作“蓝眼泪”。如果它们过度密集，大量繁殖，就会变身“杀手”，造成我们经常听到的“赤潮”，导致所在水域的生物大量死亡。浪漫是要付出代价的。

水中精灵

小棉帽 / Lili.Q

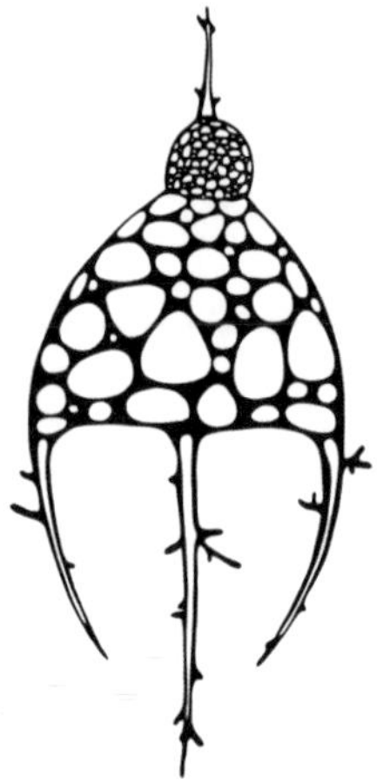

放射虫

Radiolaria

放射虫是一种单细胞浮游动物，五亿年前就已经出现，是大多数海洋生物的“老前辈”。大部分放射虫都有硅质透明的骨架，光线透过，看起来像精致的玻璃艺术品。不要以为放射虫都长得千篇一律，它们拥有各色各样不可方物的容颜。早在18世纪就有世界知名设计师将其转化为艺术品用以呈现对浩瀚自然的感知了！

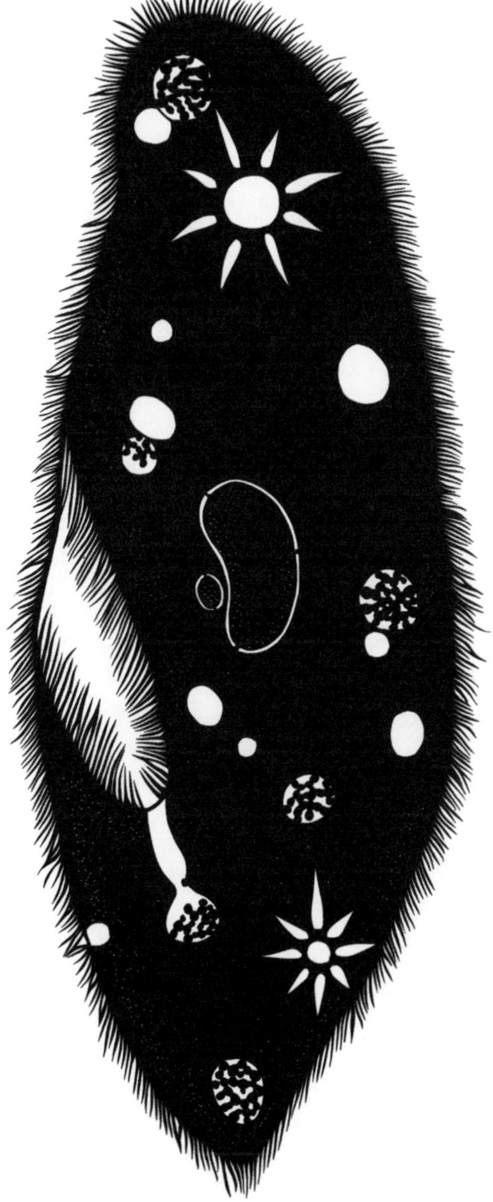

披着波斯毯的幽灵 / Lili.Q

大草履虫

Paramecium caudatum

记得小时候，老师给我们形容草履虫的时候说的是“草鞋底”，以至于现在看到草履虫图片的第一反应就是：哎哟，一个草鞋底！草履虫是单细胞生物，浑身长满了纤毛。有一件悲催的事情一定要提，草履虫的寿命是以小时计算的，它是只能活一个昼夜、朝生暮死的精灵！“虫”生短暂，要珍惜光阴呀！

冰淇淋……化了 / Lili.Q

变形虫

Amoeba

正如你们所见，变形虫是一滩一滩的。实际上，它们是单细胞的原生动物，靠伸出的伪足进行运动或者捕食。它们之中有的可以自由生活，有的却要寄生在人和动物身上。在美国，曾经有人感染了被称为“食脑变形虫”的福氏耐格里阿米巴，它们生活在温暖的淡水中，通过鼻腔钻到人类脑部引发阿米巴脑膜炎，最后受害人都离开了人世。所以强烈建议大家夏天不要在未经消毒的水域中游泳，毕竟这些小小的动物是肉眼看不到又极其危险的。

多目怪 / Lili.Q

水 蚤

Daphnia

水蚤是一种浮游甲壳动物，之所以叫水蚤是因为它们游起来像跳蚤在跳一样。它们靠努力滤食单细胞藻类、原生动物和细菌生活。养金鱼的小伙伴是不是感觉这个只有几毫米大的小动物很眼熟？没错，它们就是花鸟市场可以买到的、富含蛋白质、鱼儿很喜欢的鱼虫啦！然而大家不要小看这小小的鱼虫，在北极圈里它们可是最重要的动物之一。为了度过严寒，小小水蚤会像骆驼一样储存脂肪，而这个特性让它们变成人类监测北极圈环境变化的标尺。这种神奇的小动物还可以抑制温室效应呢！

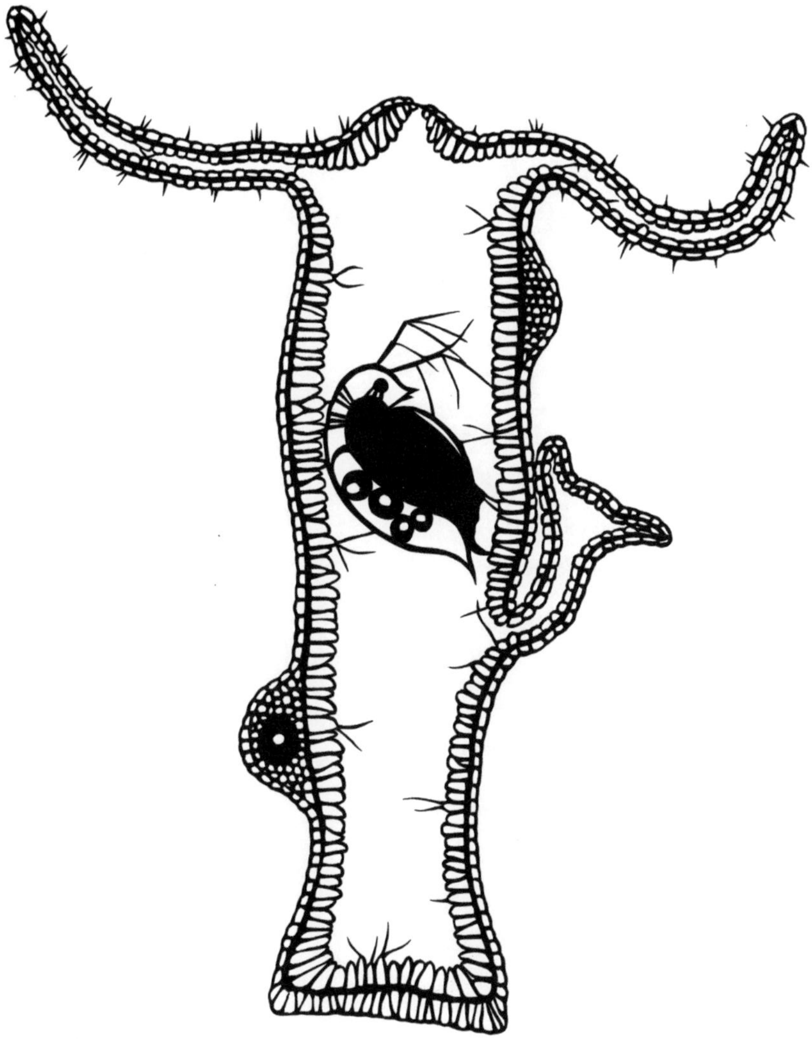

深渊 / Lili.Q

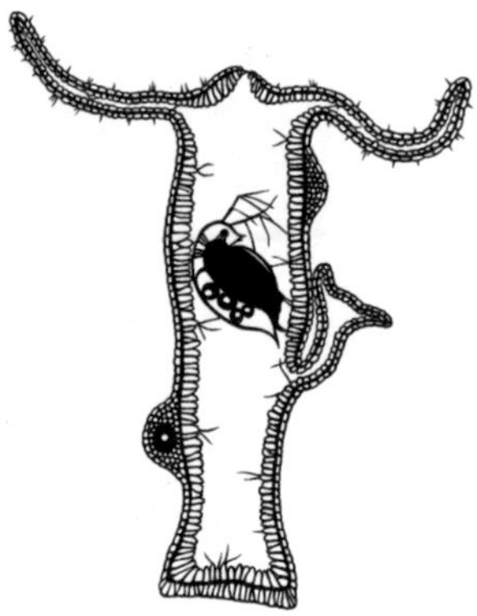

水 螅

Hydra

它们是腔肠动物的一种，是一群有洁癖的“同学”，生活在洁净、含氧量高并且水流缓慢的小溪、池塘和小水沟里。它们优雅地附着在水里的小树枝、小树叶、小石头上。它们可以进行雌雄异体的有性生殖，还可以无比独立地自己长出芽儿来进行无性生殖。水螅有个独门武器——刺细胞，用于分泌毒液，把猎物麻醉之后慢慢享用。有一个特别残酷的真相是，它们爱吃无辜的小水蚤。

舞蹈世家 / Lili.Q

海天使 / 裸海蝶

Clione limacina

这种软软的透明的像果冻一样的小生物在海洋里翩翩起舞，如同梦幻一般。海天使是雌雄同体的小动物，在繁殖季节，两只海天使会紧紧连在一起为对方的卵子受精。那图中的小宝宝该叫谁爸爸叫谁妈妈呢？这是一个问题。

查戈斯珊瑚表面

Surface Of *Ctenella chagius*

圆滚滚的查戈斯珊瑚因生长在印度洋的查戈斯群岛附近而得名，由大量的小水螅聚集在一起形成。查戈斯珊瑚远看像个肥肥的大蘑菇头，近看还以为谁的大脑裸露出来了呢！别看它们长得圆滚滚憨萌可爱的，它们可是从生物大灭绝的白垩纪存活下来的强者！这种热带珊瑚物种已经被列入全球濒危动物保护项目中。

雏菊之梦 / Lili.Q

珊瑚虫化石

Agatized Fossil Coral

珊瑚虫化石的图案像一朵朵美妙的小花聚在一起。大自然鬼斧神工，用无边岁月将小小的珊瑚虫分泌的石灰质骨骼石化成了漂亮的宝石。

荆棘花　/　Lili.Q

藤 壶

Balanus

它们是喜欢附着在礁石、码头、船底、海龟、鲸鱼、扇贝、海螺等身上，一簇簇的有坚硬外壳的小动物。如果想象不出来，就想想加勒比海盗船员满身满脸的那些有触角的小玩意儿！想起来了吧？小时候赶海经常一不小心会被礁石上的藤壶划破脚丫子！

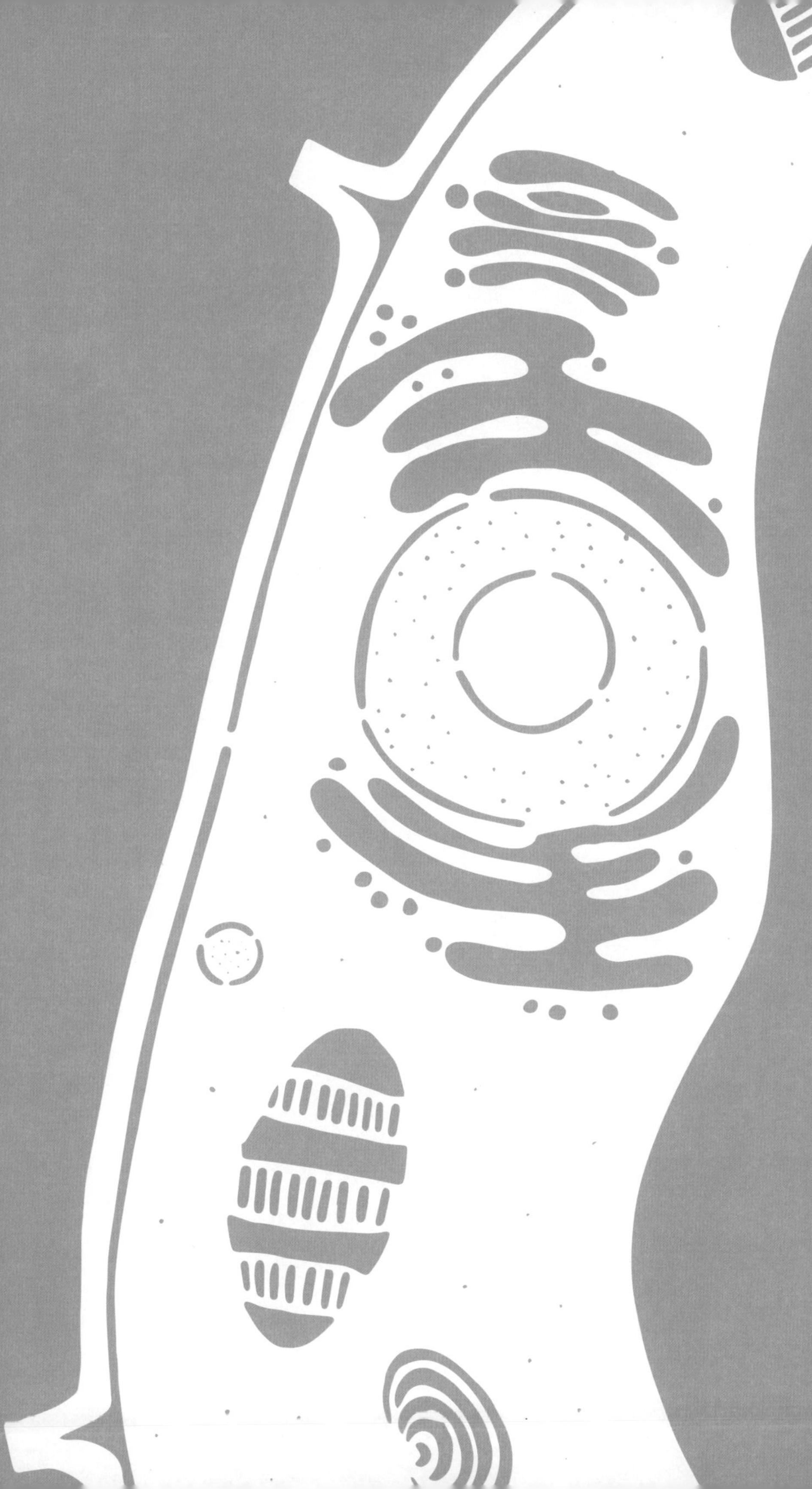

人间草木

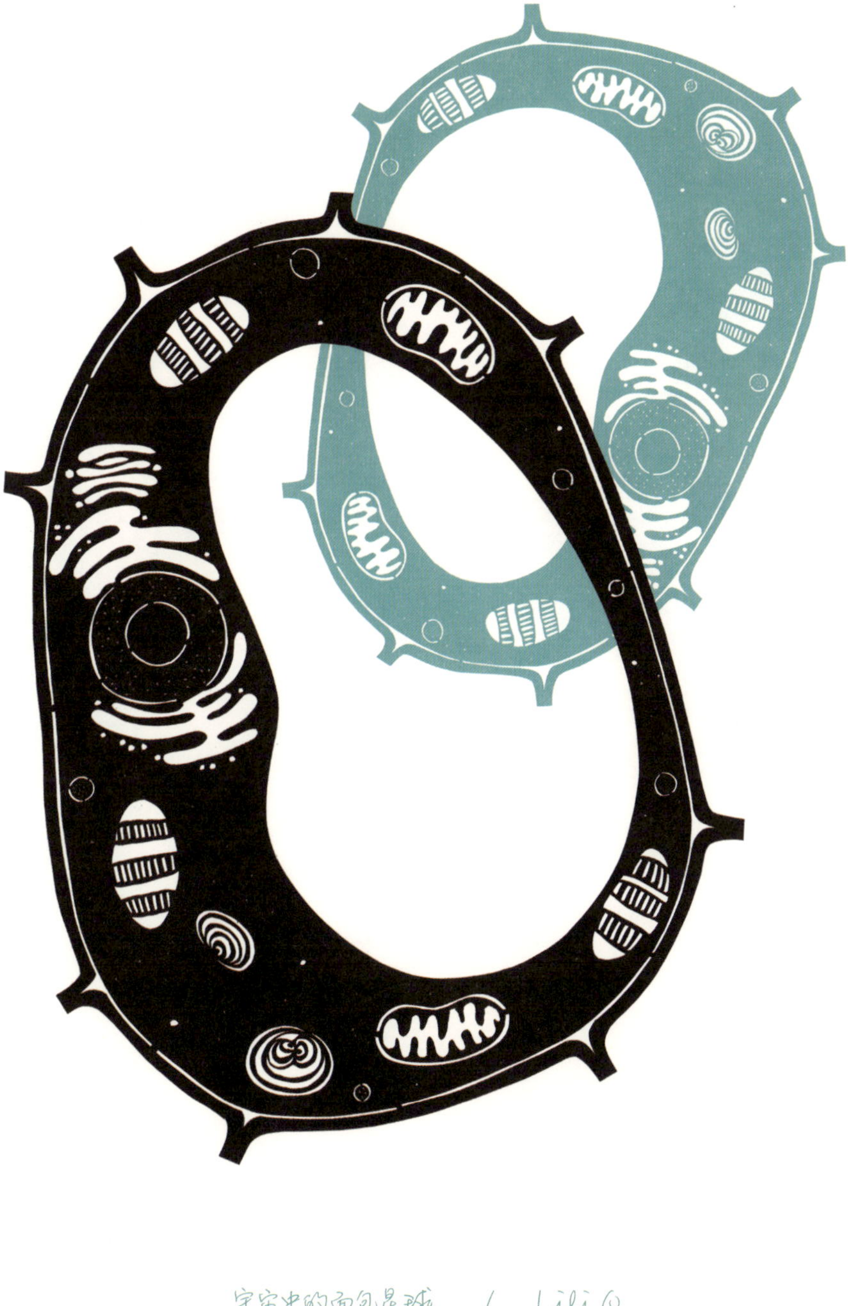

宇宙中的面包星球 / Lili.Q

植物细胞
A Plant Cell

“细胞”这个词源自拉丁文中的“小屋子”。它是除病毒以外，所有已知有完整生命力生物最小的结构、功能单位。植物细胞是植物的最小组成单位。它们包含着起支撑保护作用的细胞壁、储存降解代谢物的液泡和能进行光合作用的叶绿体。

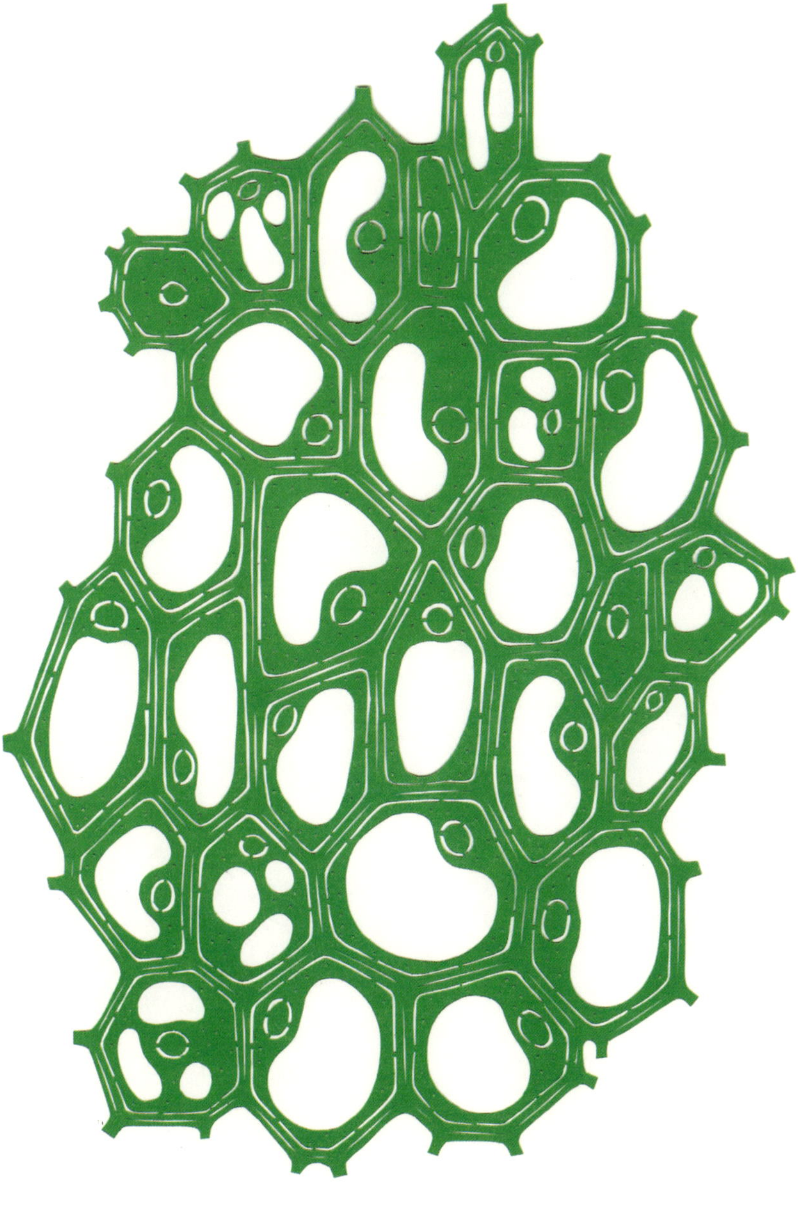

哈尔的移动城堡 / Lili.Q

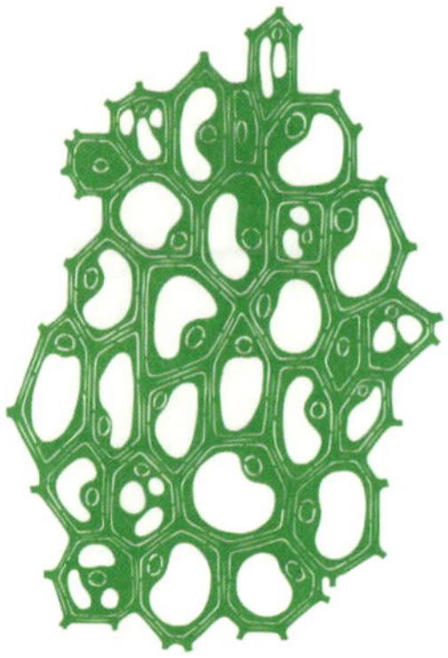

一片植物细胞

Plant Cells

很多个植物细胞挤在一起就成了一座“精灵”住的小房子。

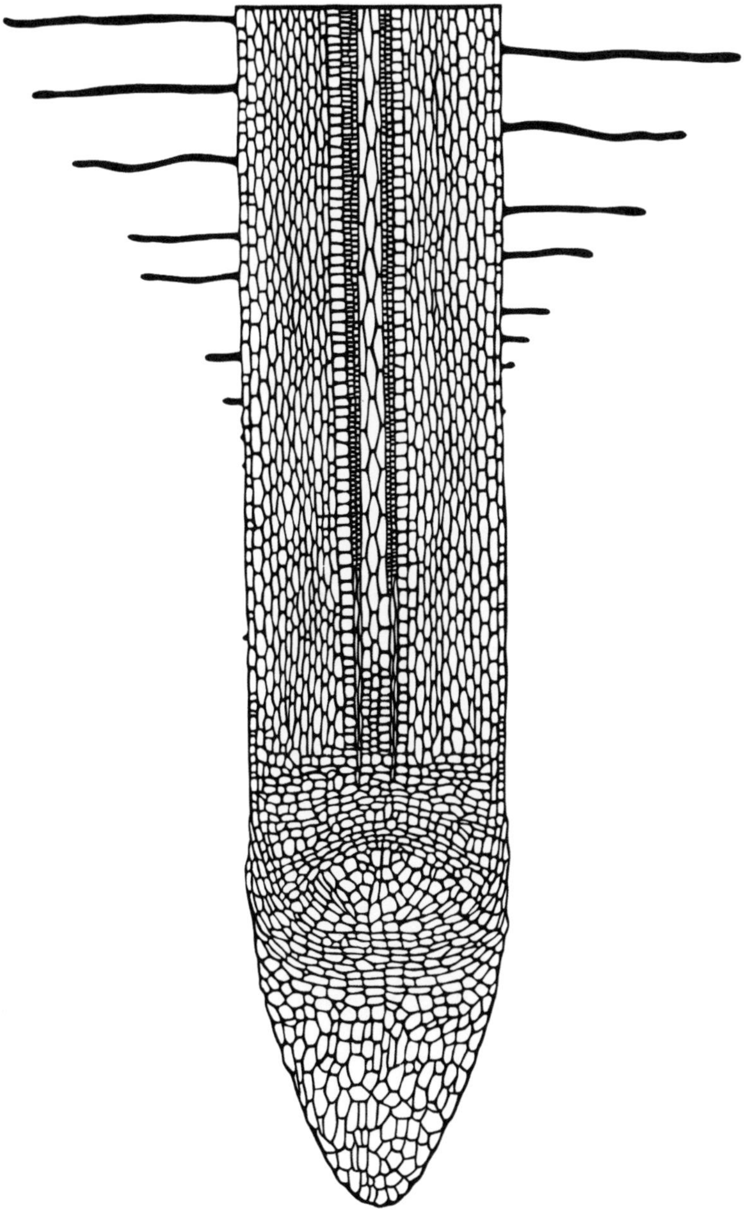

达摩克利斯之剑 / Lili.Q

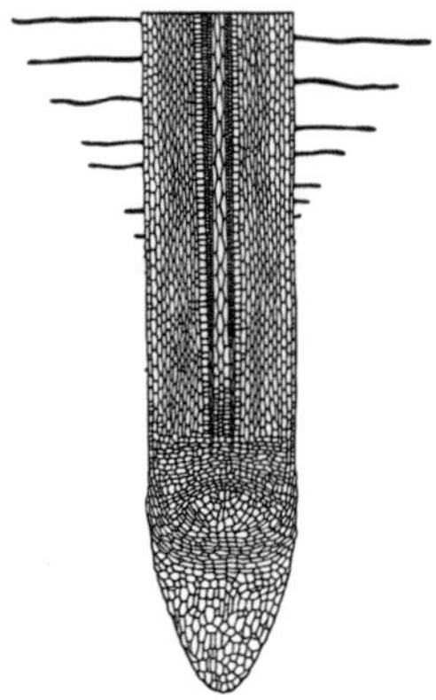

根尖组织
Plant Root Tip Tissue

记得以前生物考试，老师会让我们看根尖组织切片图，要求我们指出根冠、分生区、伸长区、成熟区、导管分别在哪，形态功能有什么特点。现在的我，不搜索答案早就记不清了，但是永远都不会忘记，过去的我画根尖组织中一个个细胞那平静安宁的感觉。

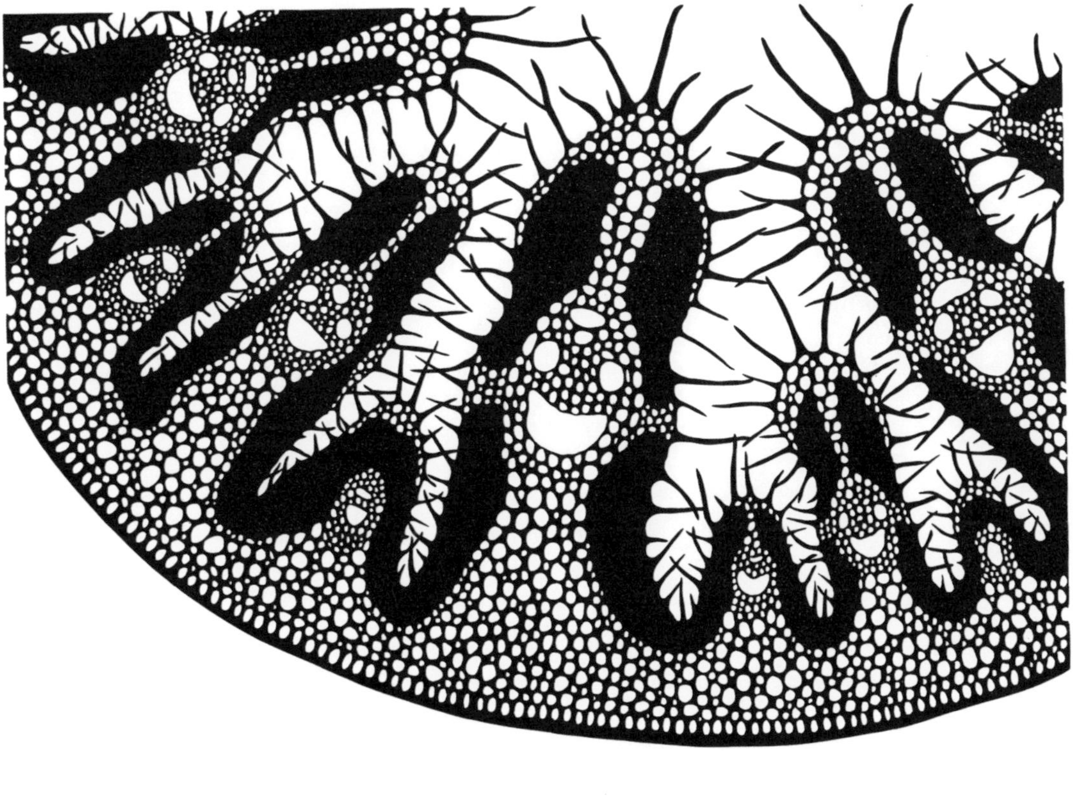

卫兵的微笑 / Lili.Q

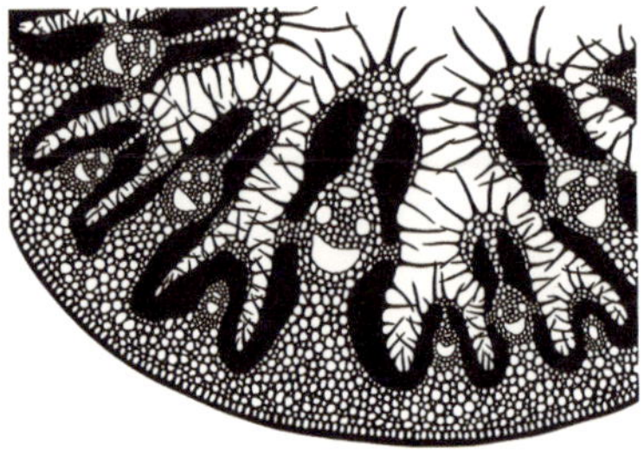

滨草叶子横截面

Cross Section Of The Leaf Of Marram Grass

一丛丛细长的滨草是沿海小卫士，它们长在海边沙滩上帮助稳定沙丘，防止海边的地貌结构被快速侵蚀。但是它们又很脆弱，轻轻踩踏就难以存活。显微镜下滨草的横截面上有好多个微笑的脸，仿佛告诉我们，用爱守护它们，它们就会快乐地守护大自然。

天线鼠宝宝 / Lili.Q

蒲公英种子

Dandelion Seed

蒲公英开完嫩黄嫩黄的小花之后，就会长出毛茸茸的小球，风一吹，每一颗种子都像是小降落伞一样优雅地飘舞在空中，落到合适的土壤上，等到时机成熟又长出一棵新的蒲公英。在阳光下吹散蒲公英的种子也是一件让人开心的事。

身体的秘密

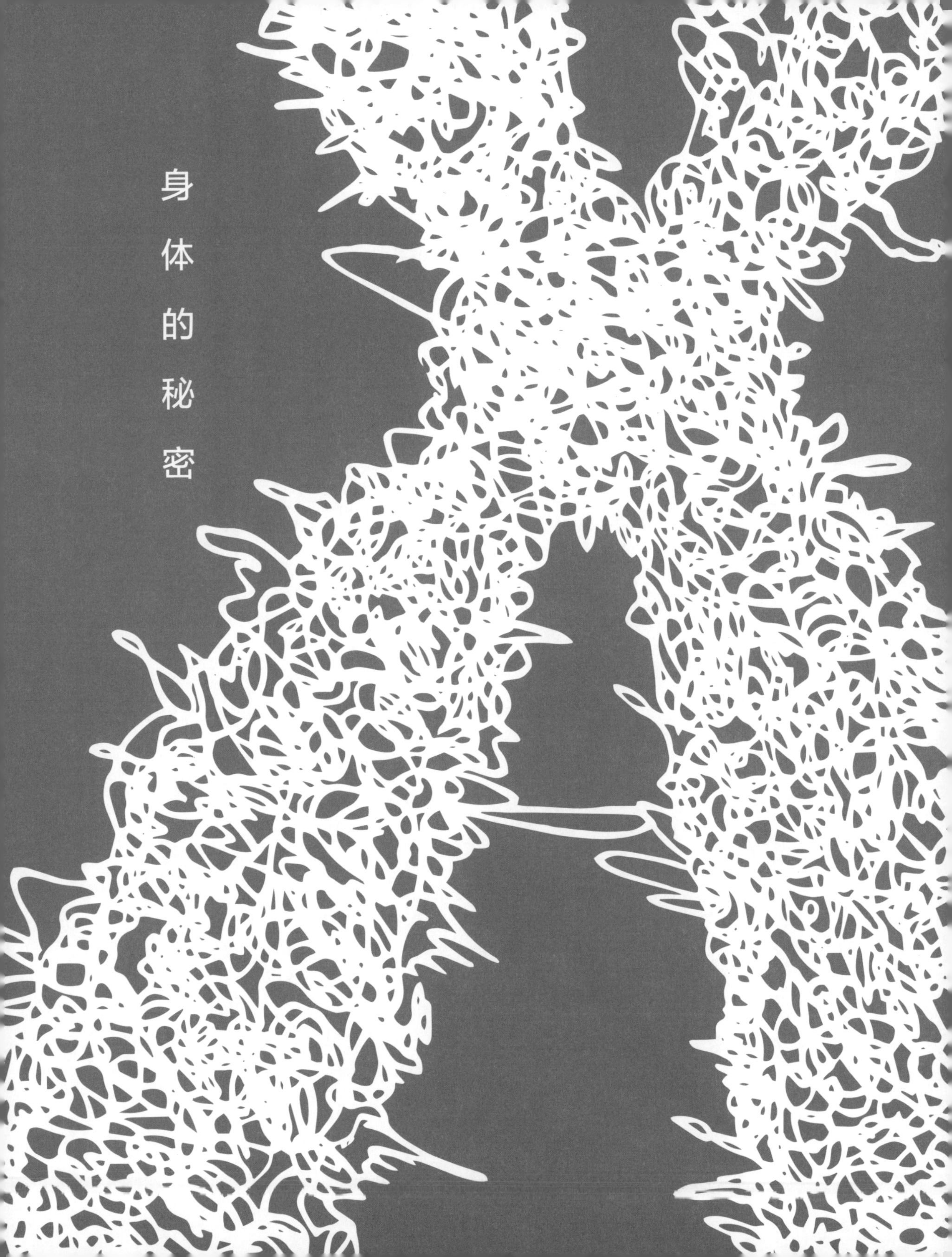

今日早餐：煎蛋肠仔沙拉　/　Lili.Q

动物细胞

Animal Cell

动物细胞是动物的最小组成单位，是动物身体结构以及生活活动的基本单位。它们没有细胞壁、叶绿体和大液泡，却有中心体、溶酶体等植物细胞没有的细胞器。动物细胞和植物细胞结构不同是因为自然的安排，大家都要各司其职。植物用叶绿体制造有机物，而动物靠吃食物就可以获得有机物，细胞里何必要有叶绿体呢？

长脚怪的脚印 / Lili.Q

毛细胞

Acoustic Hair Cell

细胞长毛了，听起来是不是很诡异？我们的内耳里就存在一群长了纤毛的上皮细胞，它们感受声波的刺激，像小天线一样接收和放大信号，帮助我们听清楚外界的声音。

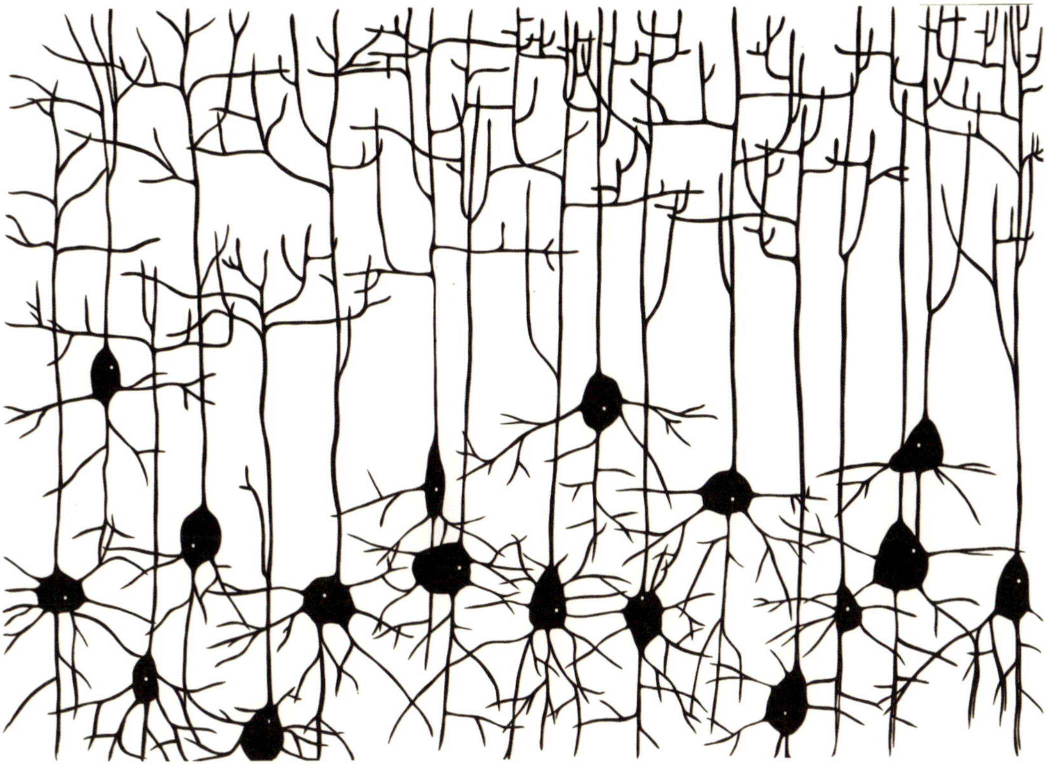

大地的裂痕 / Lili.Q

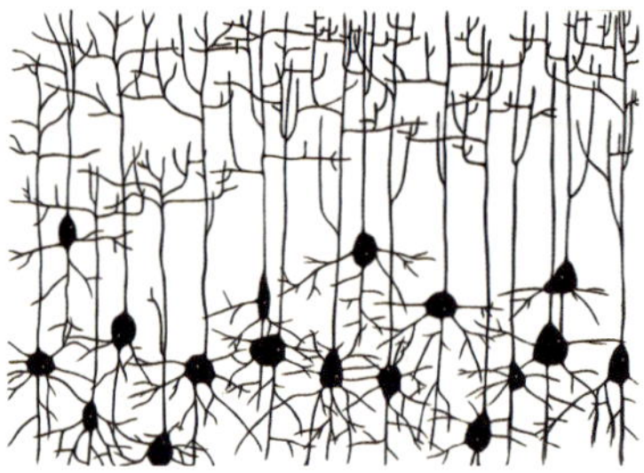

锥体神经元

Pyramidal Neuron

神经元，也就是神经细胞，是神经系统中的结构和功能单位之一。人脑中不同种类的神经元加起来有几百亿个，锥体神经元是其中一种。名字叫“锥体”自然是因为它们的细胞胞体形状呈锥形，锥体尖端伸出长长的轴状突起，将信号传递给其他的神经细胞，而胞体周围树枝状的突起，则用来接收其他神经细胞传递过来的信号，无数神经元相互交联形成高速、巨大的信号传递网络。我们的大脑像不像一座神奇的秘密花园?

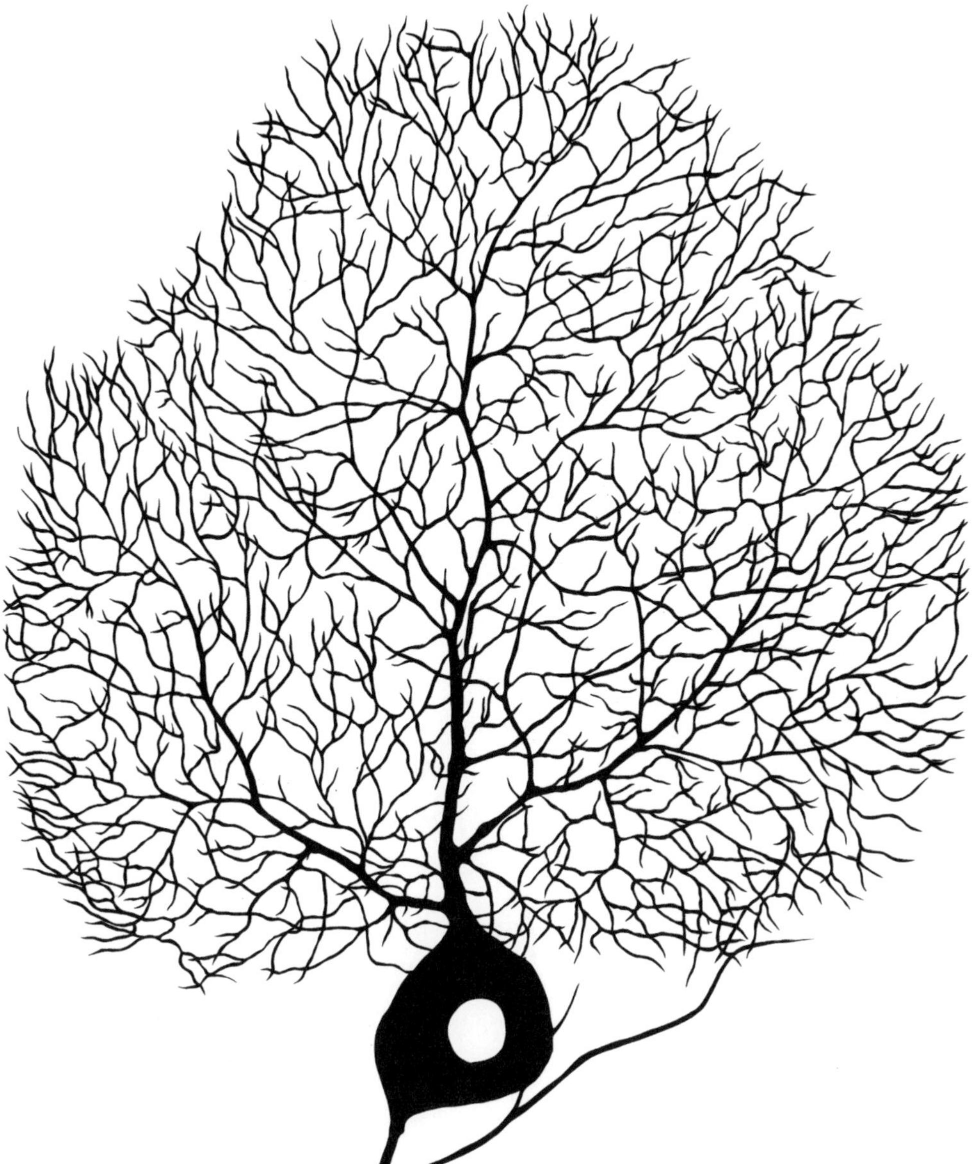

初生的鸣禽 / Lili.Q

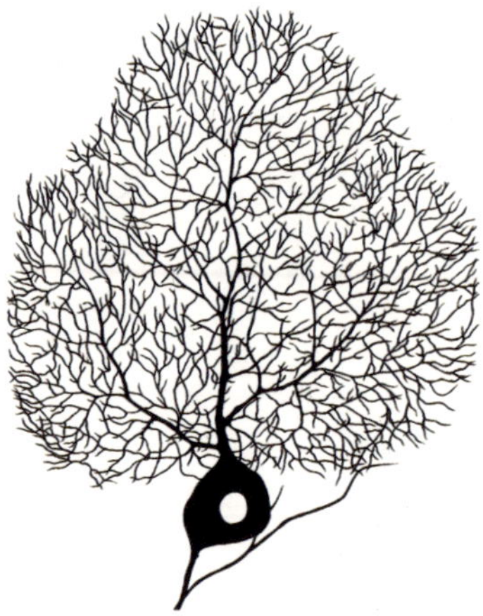

小脑浦肯野细胞
Purkinje Neuron

细胞取这么个名字，八成就是以发现它们的人的名字命名的！这位捷克科学家浦肯野1837年发现了小脑中唯一可以从皮质将神经信号传递出去的神经元，它们在运动协调中起重要作用。拥有如此华丽的外形，如果我不说的话，你们会不会以为它们是一片珊瑚或者一个树冠？说到运动协调，优雅的舞蹈演员和体操选手是否拥有更多更发达的浦肯野细胞？

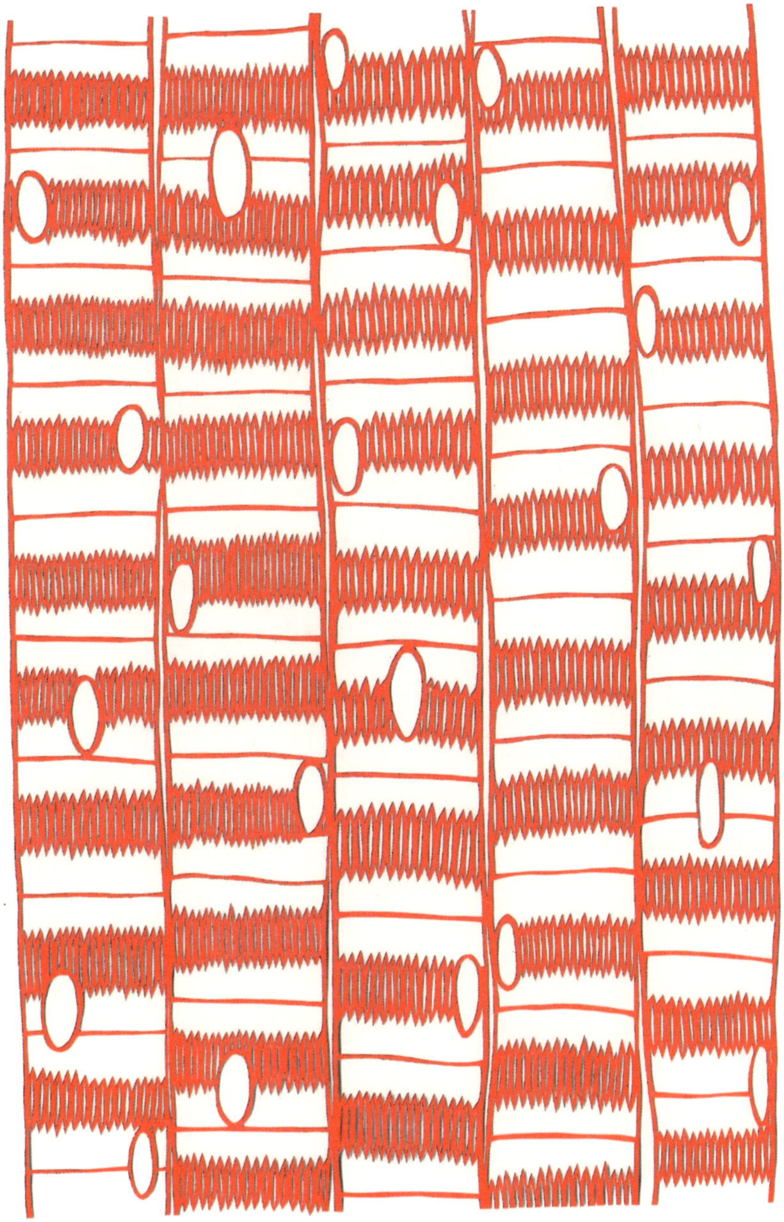

白杨的合唱 / Lili.Q

骨骼肌细胞

Skeletal Muscle Cell

骨骼肌是人体肌肉的三员“虎将”之一，借助肌腱固定在骨骼上，它们的收缩可以被意识支配。骨骼肌细胞细细长长呈纤维状，一个细胞有很多细胞核，也有很多明暗相间的横纹。这一个个细胞排列起来，像是一片强壮坚挺的白杨树，是力量的象征。

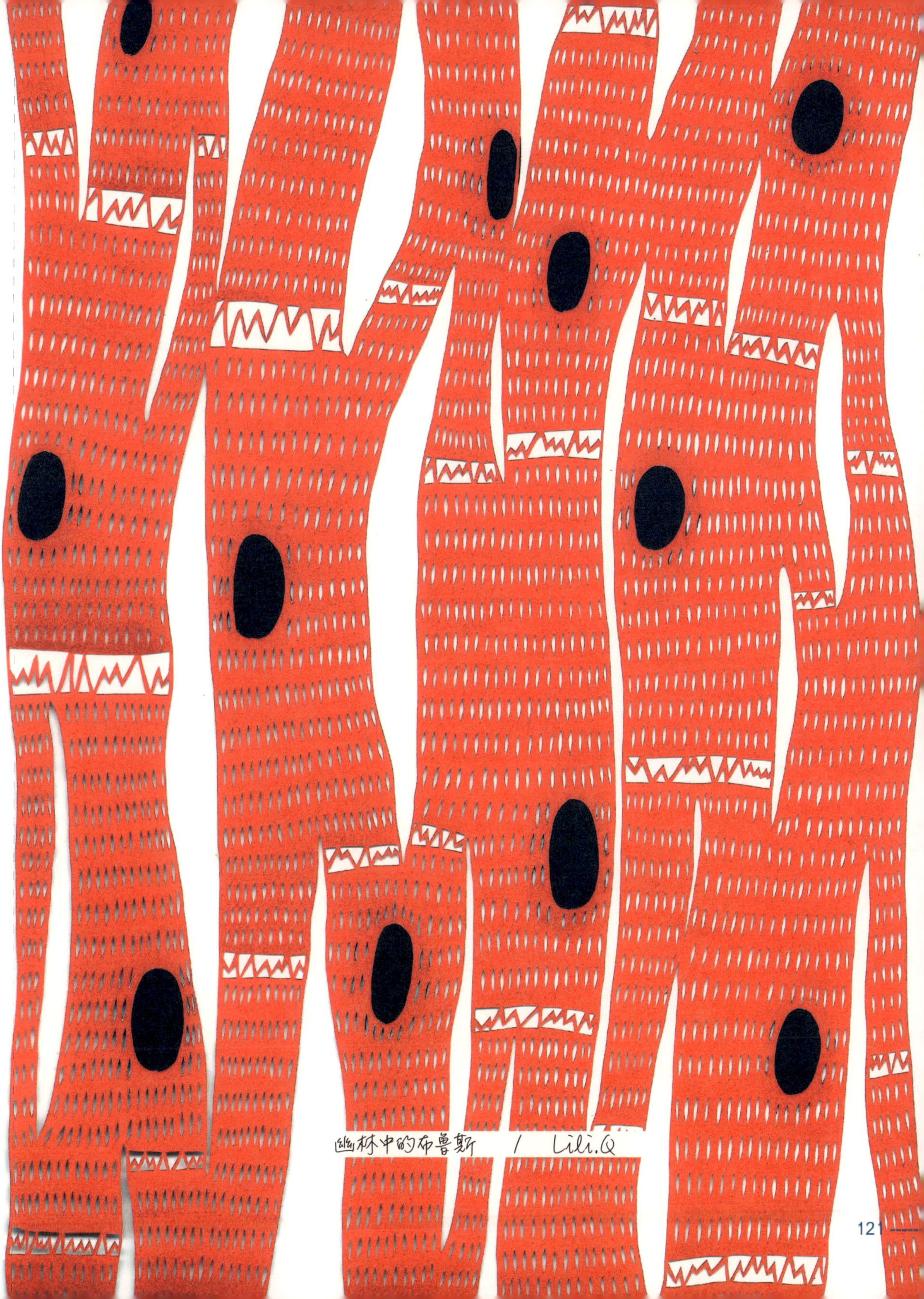

幽林中的布鲁斯 / Lili.Q

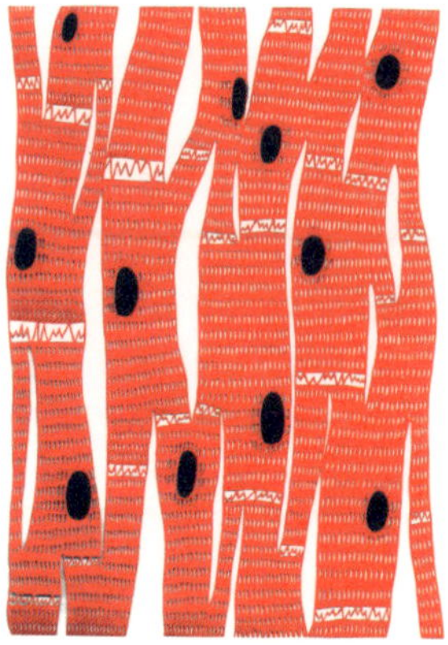

心肌细胞
Cardiac Muscle Cell

心肌是人体肌肉中的老大，它不受意识控制，心无旁骛地掌控着心脏的跳动和血液运输，具有很强的自律性。万一哪天老大撒手不管了，我们一个个都得驾鹤归西。和骨骼肌细胞不同，心肌细胞呈短圆柱形，每个细胞只有一个细胞核，细胞有分支，这些分支通过一种特殊的心肌结构“闰盘”和其他心肌细胞连成肌纤维网，最大限度地传递电信号。人体内的很多细胞衰老或者受到损伤之后是可以再生的，而这么重要的心肌细胞却几乎没有这个能力。那么是否有可能人为干预让它们具有强大的再生能力呢?

水妖的密语 / Lili.Q

平滑肌细胞
Smooth Muscle Cell

我们的内脏肌中除了心肌，其他大部分都是平滑肌，平滑肌与骨骼肌、心肌并称人体肌肉的三员“虎将”。平滑肌细胞上没有横纹，放眼看过去像静静流淌的溪水。它们的收缩运动和心肌一样不受意识控制，但却相对缓慢、持久。当某些刺激出现时，敏感的平滑肌还是会崛起一下，比方你吃一百个辣椒，那么肠胃的平滑肌们可是要造反的，它们的强烈收缩会让你苦不堪言！

小裁缝的红纽扣 / Lili.Q

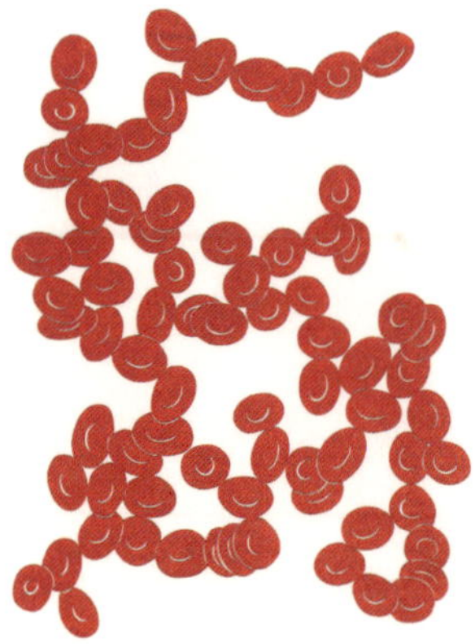

红细胞

Erythrocyte

红细胞是脊椎动物血液中数量最多的血细胞，可以运送氧和二氧化碳完成呼吸作用。注意到这些可爱的红色圆饼中间的凹陷了吗？这样可以大大增加细胞表面积，帮助它们最大限度地从周围吸收氧气。极佳的柔韧性可以让它们轻松通过毛细血管完成输送工作，让我们元气满满。

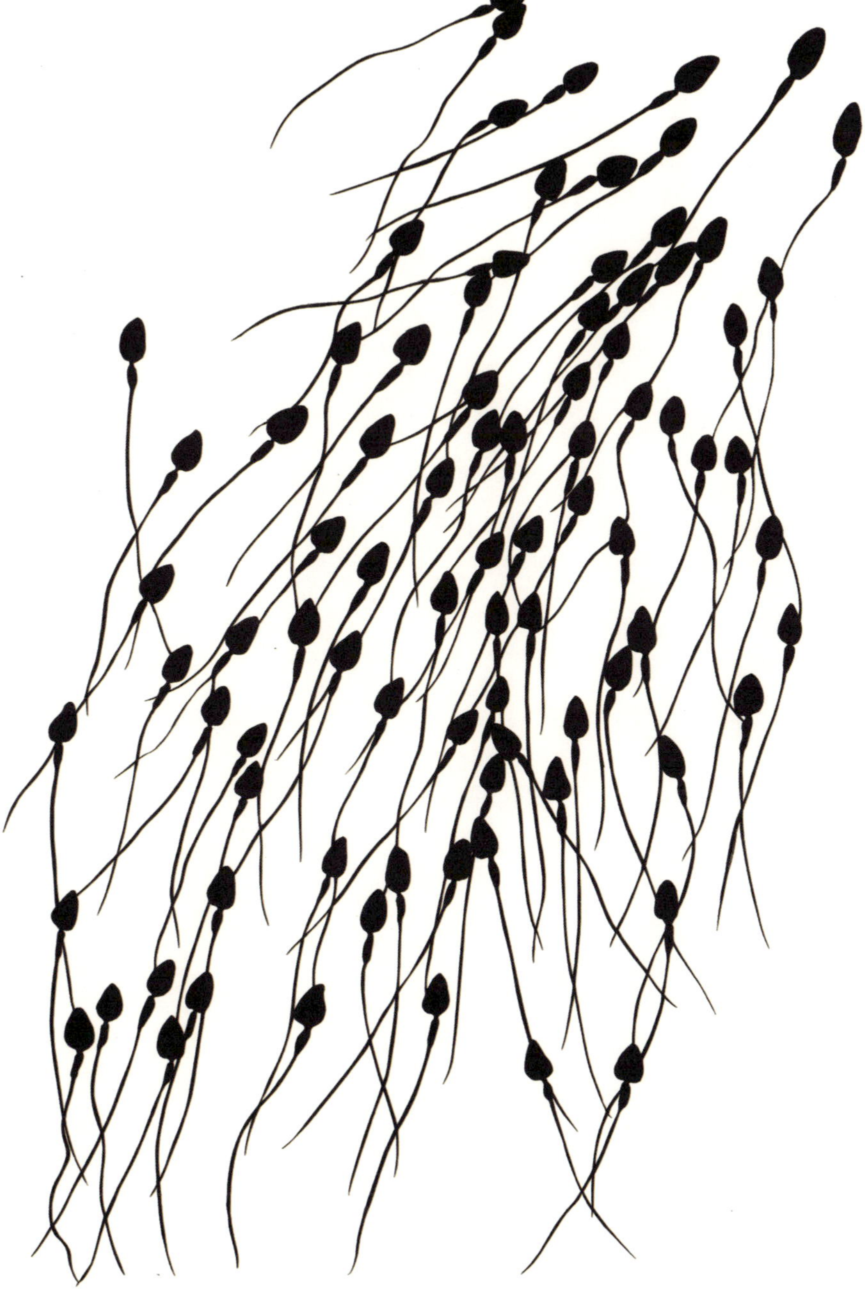

竞渡 / Lili.Q

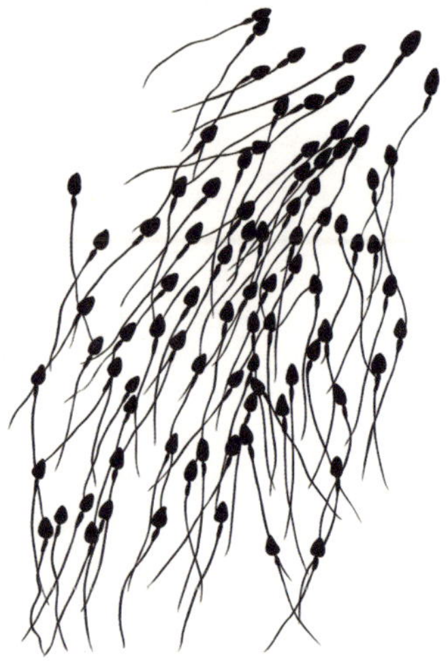

精 子

Spermatozoon

精子（此处指人类精子）是男性成熟的生殖细胞，是人体内最小的细胞，在显微镜下才能看到它们的真面目，像极了缩小版的小蝌蚪。精子像蝌蚪一样靠长长的大尾巴游泳，不同的是蝌蚪“S”形摆动尾巴前进，而精子的尾巴则是螺旋形旋转着前行，带着爸爸的遗传信息努力寻找大卵子。

气球飞走了 / Lili.Q

卵 子
Ovum

卵子（此处指人类卵子）是女性成熟的生殖细胞，是人体内最大的细胞，细胞内带有母体这一半的遗传信息。当时机成熟，极少数的精子冲破重重困难从几亿个竞争者中脱颖而出，最后谁最先和比它大二三十倍的卵子相遇，就能形成受精卵慢慢发育成胚胎，才会有了这世间的你和我。这样想来，我们从生命的初始就是大赢家呀！

仙人掌的交杯酒 / Lili.Q

染色体

Chromosome

染色体是在细胞核里载有遗传信息的结构，双螺旋DNA和蛋白质互相缠绕压缩就形成了染色体。人体有23对染色体，其中22对是男女共有的常染色体，另外1对是决定性别的性染色体，男性为XY，女性为XX。

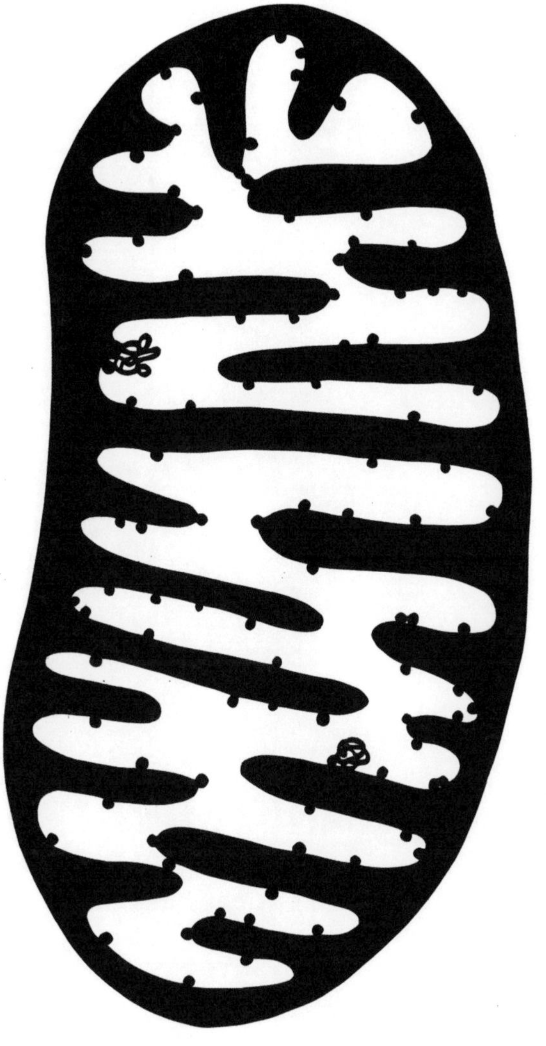

奶油毛毛虫面包 / Lili.Q

线粒体
Mitochondrion

线粒体是长得像奶油毛毛虫面包一样的细胞器，是真核细胞有氧呼吸的场所，它们氧化代谢有机物为细胞提供能量，它们还拥有自己的遗传系统，强大的生理功能让它们信心十足。当细胞里的老大——细胞核对其他细胞器说：“你们都要听我的！”线粒体就可以很牛气地说：“不！”

线粒体是大多数真核细胞都有的细胞器。小时候我很喜欢吃的一种小零食“江米条”和线粒体的外形很像，吃完感觉自己很有能量呢！

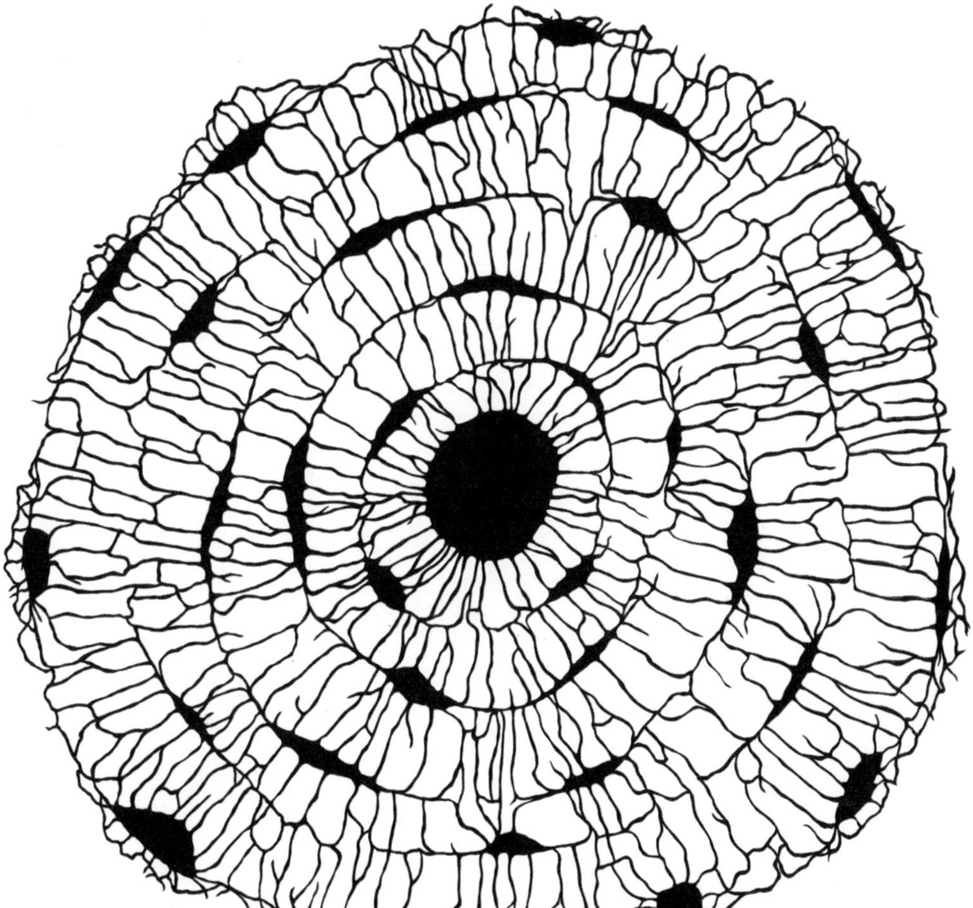

老树的年轮 / Lili.Q

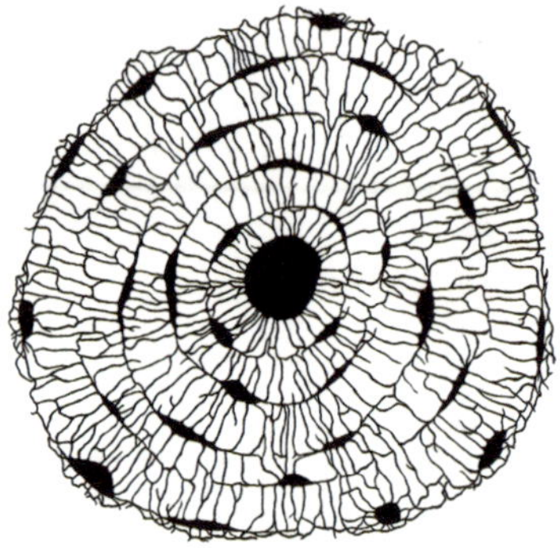

骨单位
Osteon

你们看到的是骨单位的横截面。骨单位其实呈圆筒状，是我们身体上长骨骨干的主要结构单位。正中间的空隙有血管经过提供营养，一层层年轮一样的骨板看起来就让人心里很踏实。无数个这样的骨单位紧密组合在一起，团结一致，让我们的长骨变得很结实。

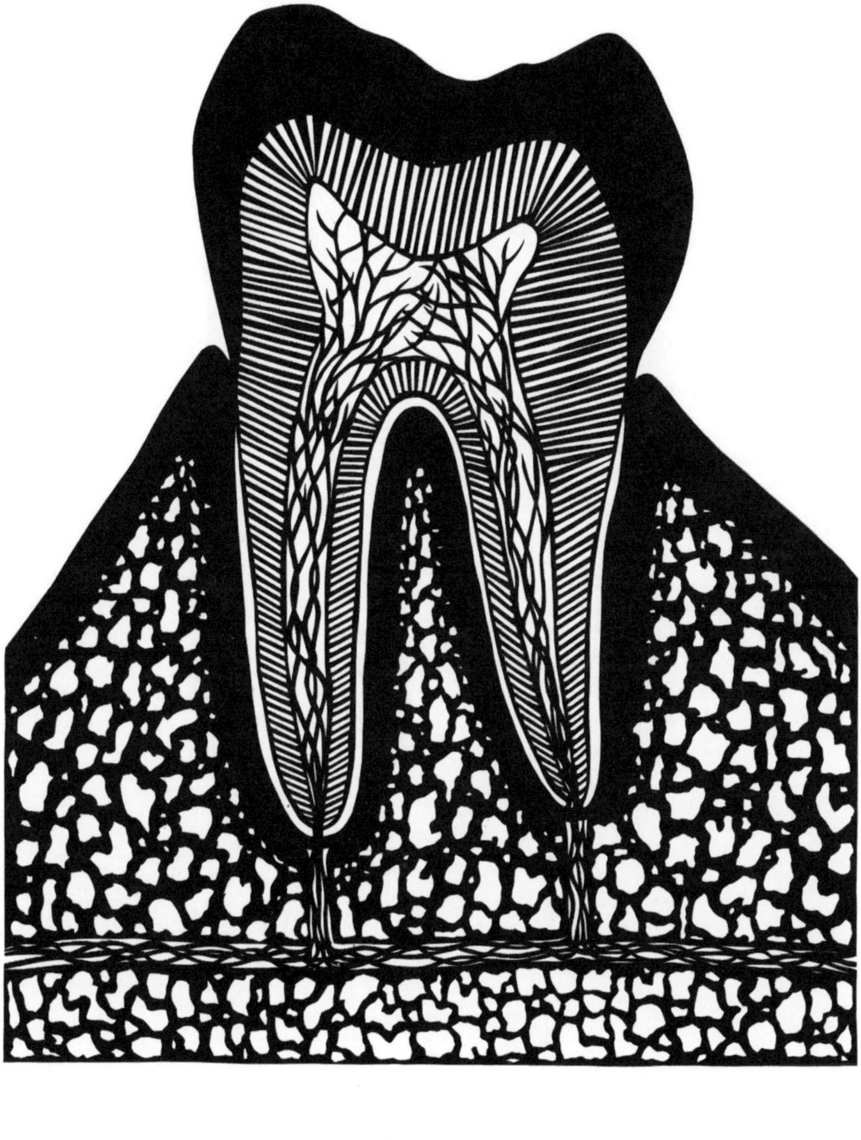

晾在檐下的兔帽子 / Lili.Q

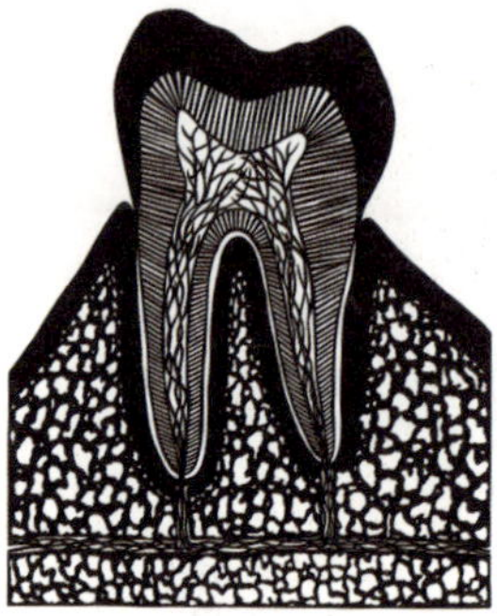

牙齿横截面

Cross Section Of A Human Tooth

牙齿是我们身体上最坚硬的器官，像小树一样，它们也有牙根、牙颈和牙冠。牙齿不仅在我们吃东西时至关重要，还能让你口齿清晰伶俐并且颜值飙升。所以保护牙齿应该成为我们最关注的事情之一，毕竟这世上有太多好滋味等着我们去品尝，更何况牙齿疼起来真的很要命！你还记得第一次和乳牙告别的情形吗？有没有牙仙子的奖励？反正我的下牙是被扔到了房顶，上牙被扔到了水沟里。

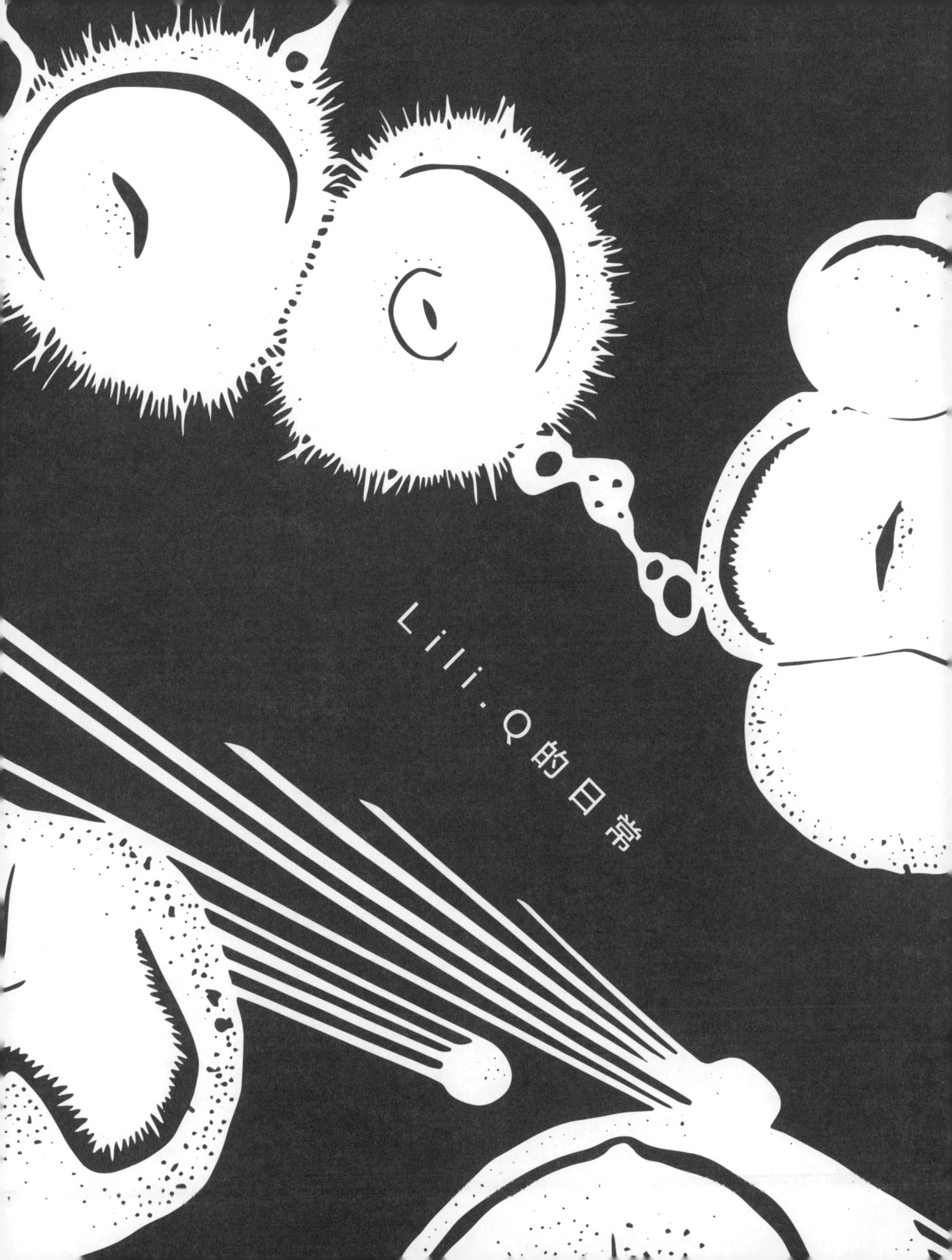
Lili.Q的日常

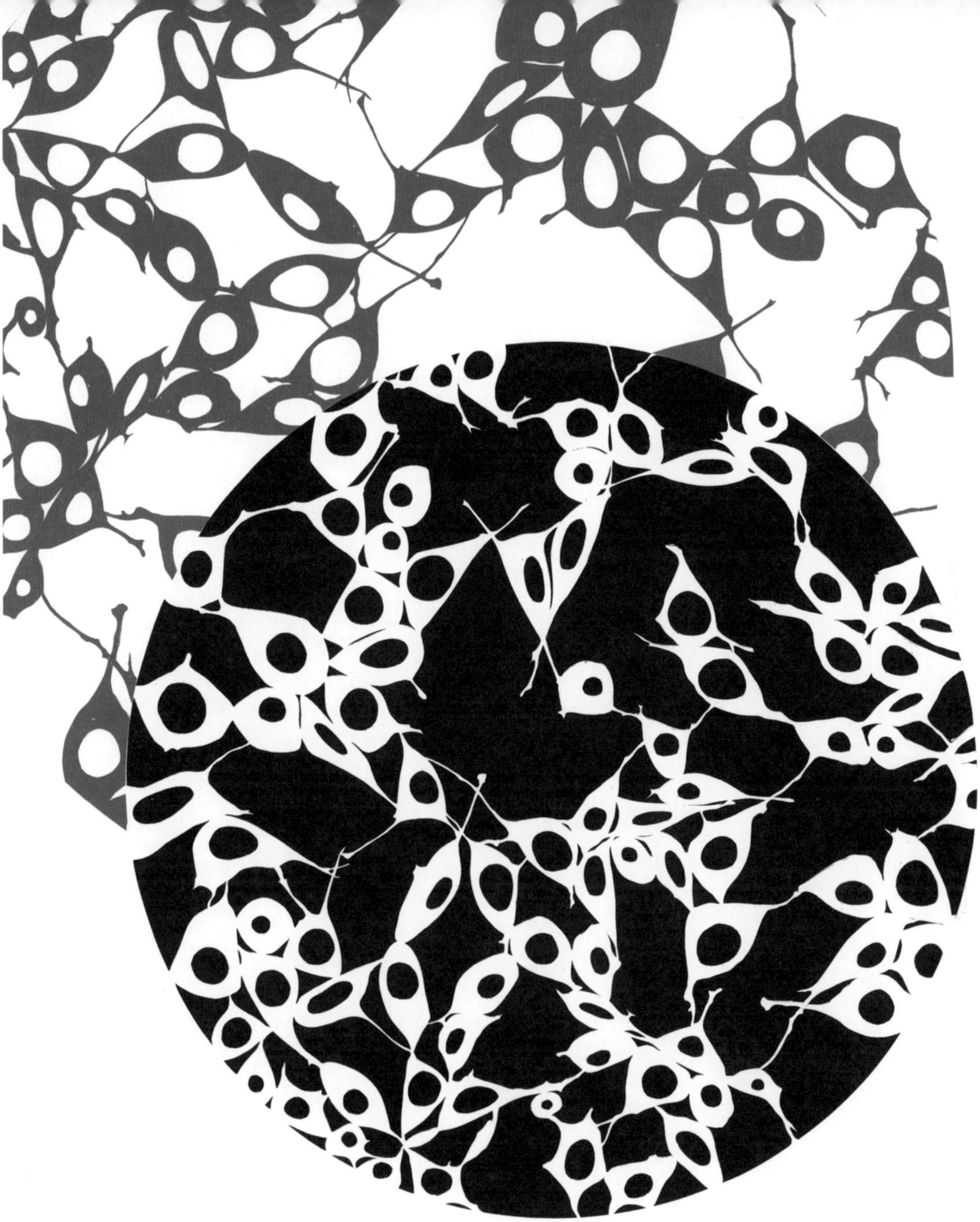

假面舞会 / Lili.Q

人胚胎肾细胞293

HEK293 Cells

提起这个细胞系，想必和我一样搞科研的同学们再熟悉不过。HEK293细胞株来源于人胚胎肾上皮细胞，很容易培养也容易进行基因转染，我们总把它们当作基因表达的宿主研究我们想了解的蛋白。向HEK293细胞系致敬！

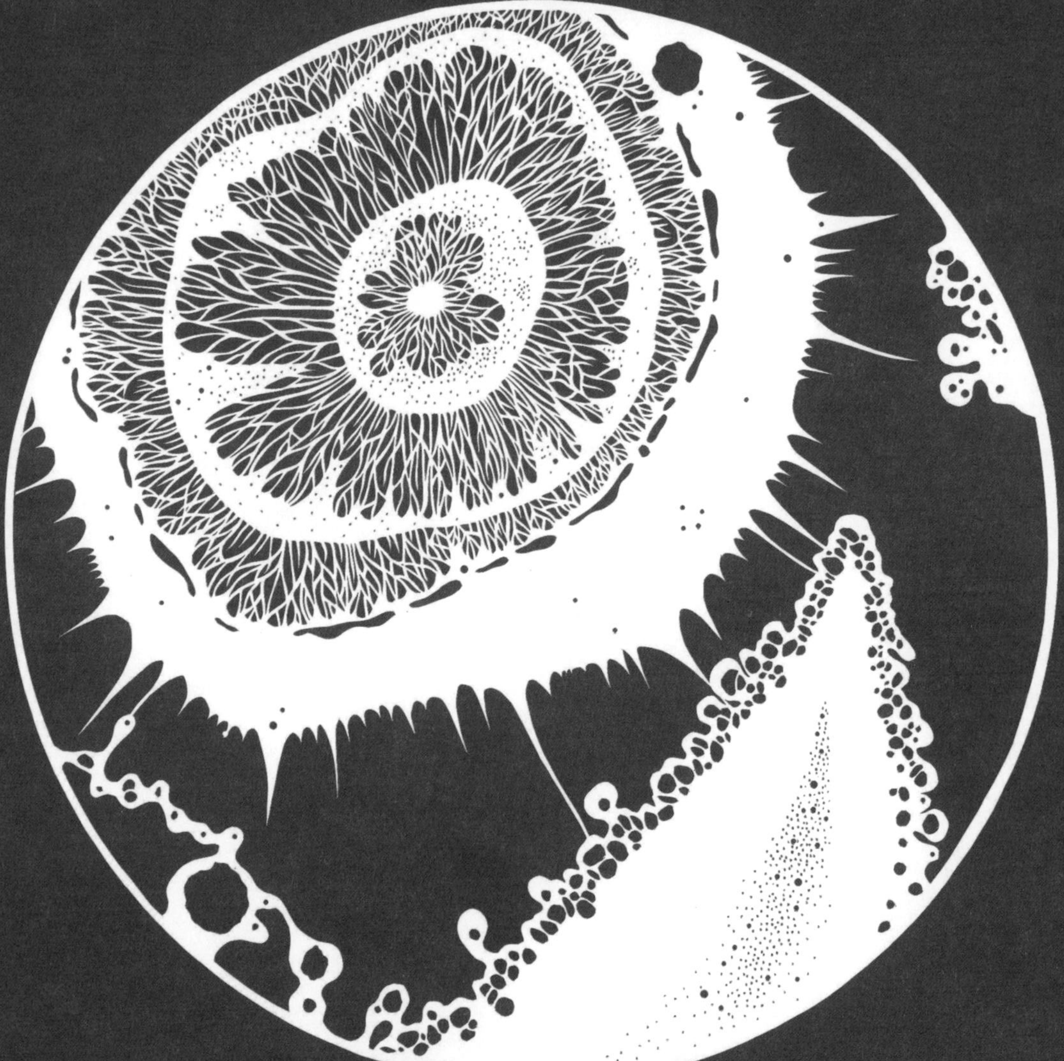

生活大爆炸！ / Lili.Q

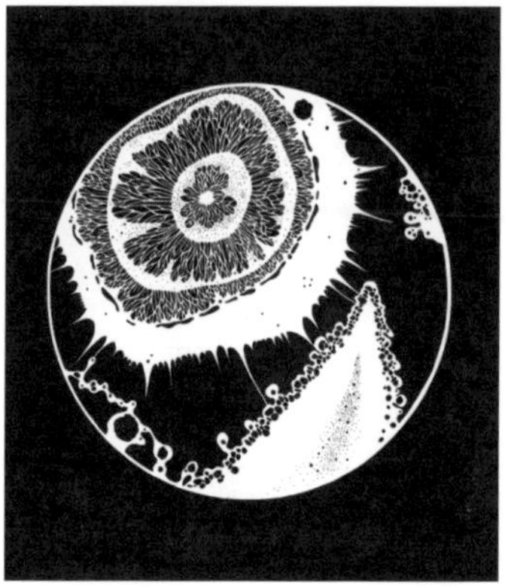

大肠杆菌培养基染菌

Contamination in E. coli Culture

我们很多实验需要培养大肠杆菌。当实验过程中抗生素失效之后，大肠杆菌的培养基上就会长出别的也不知道具体是什么的杂菌。它们的菌落自由生长出漂亮的形状和颜色，充满着神秘未知的美。

怒发冲冠凭栏处 / Lili.Q

黑曲霉

Aspergillus niger

真菌界的黑曲霉的分生孢子头，可以说是非常炫酷。它不像其他曲霉菌那么容易引发人体疾病。人们还用黑曲霉酿酒制醋，赋予这种小微生物有意义的一生。

无边落木萧萧下　/　Lili.Q

犬小孢子菌

Microsporum canis

犬小孢子菌是一种致病性真菌，在喵星人、汪星人身上可以长期存在不使坏，一旦宠物主子们皮肤受到损伤，免疫力下降的时候，它们就会引起头癣、体癣这些皮肤疾病。而它们一旦感染人，就会毫不客气地损害我们的皮肤或者毛发。我家猫主子海米小时候就感染过这种讨厌的小东西，身上的皮癣治疗了大半年才见好转，海米吃尽了皮肤瘙痒、掉毛、掉皮的苦头。然而尽管它们如此危害主子们和猫奴狗奴的皮肤健康，我还是很不争气地喜欢它们那文艺范儿十足的颜值。

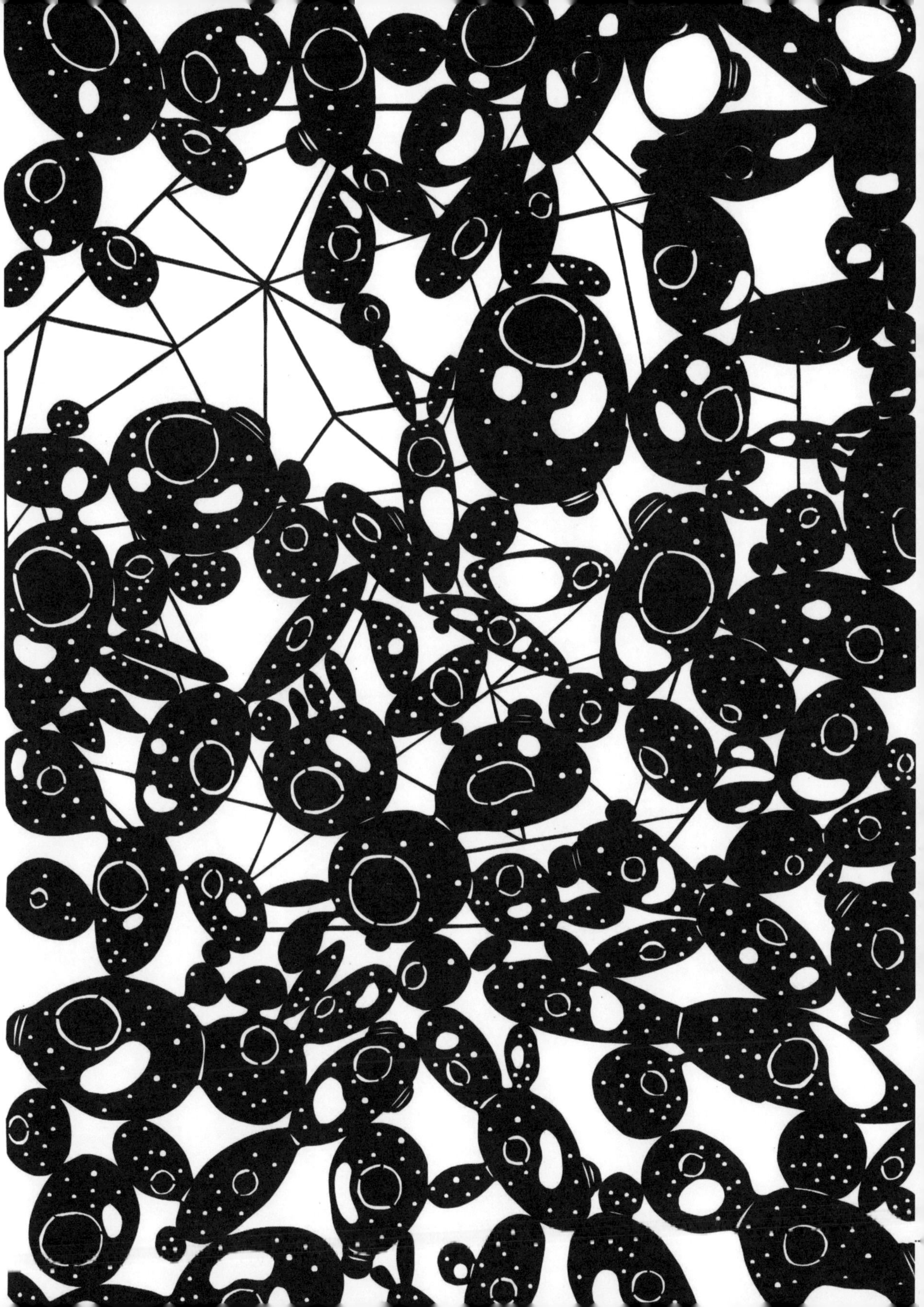

酵母菌

Saccharomycetes

妈妈们爱它们，因为它们可以用来发面，做白白胖胖的面包、馒头、大包子！爸爸们也爱它们，因为它们可以用来酿酒！酵母菌是一种单细胞真菌，有着萌萌的身材，不是圆形就是卵形、椭圆形。这种大小只有微米级的小生物在有氧无氧的环境下都可以生长，可以有性繁殖也可以无性繁殖。酵母菌在饮食界、医药界和科研界都占有一席之地，但它们对人类也不是一直都友好，如果免疫力低下，不幸菌群失调，造成酵母菌感染，会出现瘙痒、灼痛等不舒服的感觉，那一定要及时去看医生。

草根小组唱 / Lili.Q

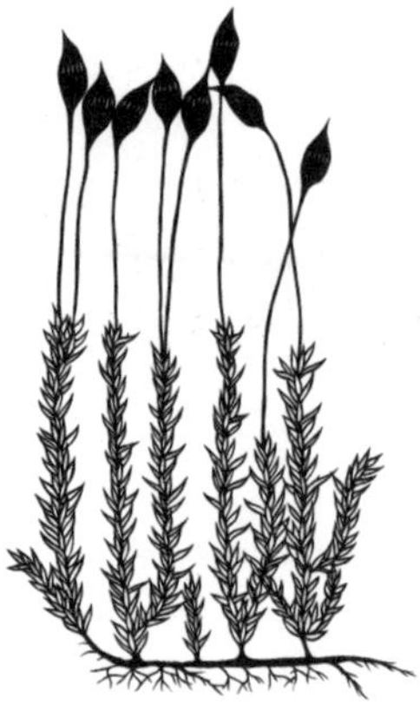

苔藓植物

Bryophyta

梅雨季节，我家院子的墙头上长出了一片绿油油的苔藓，凑近观察它们，我像是巨人在观察一个小世界中的大森林。苔藓没有花朵、没有种子，枝头长得像小鸟嘴巴的部分是它们的孢子囊，里面装满用来繁殖的孢子。出去爬山的时候，我们经常会在岩石上看到一片片的苔藓，它们是“自然界的拓荒者”，许多苔藓植物会分泌出能够缓慢溶解岩石表面的液体，加速岩石风化成土壤，为其他植物的生长打个先锋，真是一种勇猛的小植物。

静默的山体 / Lili.Q

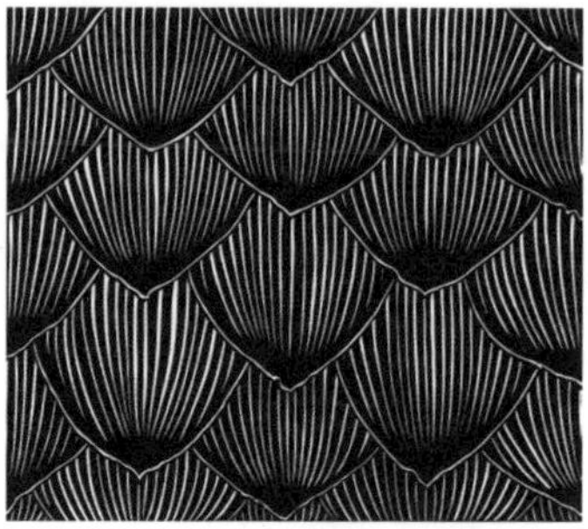

穿山甲鳞片

Pangolin Scales

提到穿山甲总免不了心酸，人类的贪婪无知已经把它们带入了极大的困境。穿山甲是一种有荷花花瓣形状鳞甲的哺乳动物，分布在亚洲和非洲，昼伏夜出，喜欢吃蚁类，遇到危险紧紧缩成一团，对人类毫无危害，绝非人类日常生活的食物来源，药用作用也绝没有你在网络上搜到的只言片语那么神奇。数百万年以来，穿山甲天生的铠甲是它们最佳的防御，但最终防不住人类的贪欲，到现在为止，它们已经变成了世界上走私最多的哺乳动物。如果再不采取措施保护这种小动物，我们的后代怕是再也没机会看到可爱的穿山甲了。说到底，自然不仅是人类的自然，这个复杂有序的系统终归需要万物生灵的共同参与。

Lili.Q

原名曲莉丽

烟台长岛人

现居住于合肥

在中国科学技术大学从事生物科研工作

微博@夺夺娘曲轴

我是一个喜欢折腾东西的人，闲暇之余，喜欢做些别人看起来无用的事情，比如这本剪纸。不太在意有用无用的我自己却十分欣喜，欣喜于在这些无用的事情当中可以营造一个自由快乐无它的小世界。专业缘故，使我更容易接近微观世界，通过剪纸的方式将它表达出来最初也没有什么目的，作品多了就产生了与人分享的欲望。也希望大家可以通过这种形式来看看平时看不到或者不容易看到的小世界。

第一次出书十分惶恐，生怕作品介绍不够严谨不够贴切误导了读者，如果大家发现错误请一定批评指正。

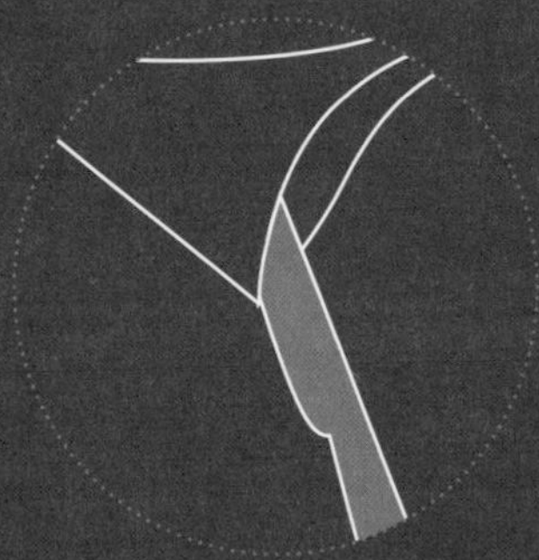